AF248939

JOHAN CRETEN NAKED ROOTS/NAAKTE WORTELS

JOHAN CRETEN NAKED ROOTS/NAAKTE WORTELS

JOHAN CRETEN

NAKED ROOTS/ NAAKTE WORTELS

MUSEUM BEELDEN AAN ZEE — DEN HAAG

INHOUD / CONTENTS

Beeldhouwers boetseren in klei of was. Wanneer het resultaat — het model — levensvatbaar is, wordt het gebakken in de oven of afgevormd in gips en daarna in brons gegoten, gehakt in steen of gesneden in hout. Althans, zo ging dat in de afgelopen 7000 jaar. Toen in het begin van de twintigste eeuw kunstenaars een fietszadel of urinoir tot sculptuur verklaarden, was het hek van de dam. Kant-en-klare objecten, van natuurlijke of kunstmatige aard, onedele materialen, assemblages, installaties, wandelingen en andere performances drongen voorgoed het terrein van de sculptuur binnen en rekten het begrip oneindig op. De stolling van millennia werd zo in enkele decennia elastisch.

De Belgische kunstenaar Johan Creten verliet dertig jaar geleden zijn land om als *Clay Gipsy* door de wereld te reizen. Als kunstenaar heeft hij vastgehouden aan het schone object, het langs ambachtelijke weg vervaardigde kunstvoorwerp. Die — wellicht — geruststellende constatering is verraderlijk, want onder de uiterlijke schijn van zijn oeuvre broeit en kolkt het. Niet voor niets omgeeft Creten zich in zijn dagelijkse omgeving met kunstwerken en artefacten uit alle windstreken en tijden, zoals de waanzinnige keizer Rudolf II rond 1600 zijn *Kunst- und Wunderkammer* in de burcht van Praag volstouwde. Creten voelde zich al vroeg aangetrokken tot het directe, spontane en polychrome karakter van keramiek en bovenal tot de rijke symboliek en de intrinsieke rijkdom van dit 'arme' materiaal. Het is niet toevallig dat hij in eerste instantie als schilder is opgeleid, want ook andere schilders — Paul Gauguin, Karel Appel, Lucio Fontana — boetseerden opzienbarende keramische sculpturen. Volgens de kunsthistorische canon zijn het per definitie schilders geweest die de moderne beeldhouwkunst een nieuwe wending gaven: Degas, Matisse, Picasso. Die theorie gaat weliswaar niet op voor Rodin, die — onomstreden — geldt als de vader van de moderne beeldhouwkunst. Rodin kwam regelrecht voort uit de praktijk van de bouwbeeldhouwkunst. Maillol, een andere grote vernieuwer en net als Rodin een *sculpteur profond*, koos pas op latere leeftijd voor de beeldhouwkunst. Daarvoor had hij zich — een kleine eeuw voordat Johan Creten daar aantrad — jarenlang bekwaamd als artisanaal keramist in de ateliers van de Manufacture nationale de Sèvres. Overigens is het een eerbetoon aan het medium sculptuur dat schilders het driedimensionale terrein onweerstaanbaar vinden terwijl, omgekeerd, beeldhouwers zelden of nooit talen naar verf en linnen. Beeldhouwen is dan ook veel moeilijker dan schilderen.

Na Georges Minne, Johan Tahon, Oscar Jespers en Nick Ervinck is Johan Creten de vijfde Belgische kunstenaar die een solo krijgt in museum Beelden aan Zee. Cretens ontwikkeling en oriëntatie zijn te internationaal om hem nog langer binnen de Belgische grenzen gevangen te houden, maar bij die ontworteling is er toch iets dat hem verbindt met zijn land, hoe moeilijk dat fenomeen ook te duiden valt. België grossiert namelijk in kunstenaars die niet alleen bijzonder talentvol zijn maar terzelfdertijd grote authenticiteit en originaliteit tentoonspreiden, die de Belgische cultuur maken tot een woelige binnenzee, bezaaid met eilandjes die niet met elkaar schijnen te communiceren. Voor bewoners uit Vinex-wijk Nederland blijft het niet-aangeharkte België het meest onbegrepen buitenland. Desalniettemin voelen wij ons met jaloezie aangetrokken, laven wij ons aan de zinnelijkheid van Wouters, het sinistere van Fabre, het ongerijmde van Magritte, de megalomanie van Panamarenko, de wereldbeschouwing van Hergé, de genoeglijke erotiek van Tytgat en de abstracte ironie van Cowboy Henk. Welke van die, en zovele andere, elementen een rol spelen in het veelzijdige en ontembare universum van Johan Creten, geworteld zoals dat is in een overvloed aan historische en hedendaagse referentiekaders, kunnen wij gaan ontwaren op deze eerste solotentoonstelling in een Nederlands museum van de internationaal geëerde kunstenaar Johan Creten.

Ik complimenteer gastconservator Joost Bergman voor de wijze waarop hij de handschoen heeft opgepakt en ik dank Johan Creten voor de fijne samenwerking.

Algemeen directeur museum Beelden aan Zee
Jan Teeuwisse

Sculptors make models in clay or wax. When these are deemed viable, they are either fired in a kiln, cast in bronze using plaster moulds, carved in stone, or cut in wood. At least, that's how it was for over the last 7,000 years. But then came the early twentieth century, artists declared bicycle seats and urinals works of art, and all limits went out the door. Ready-made objects, either natural or artificial, non-noble materials, assemblages, installations, walks, and other performances all irrevocably worked their way into the world of sculpture, endlessly expanding its concept. Thus, what had been solid for millennia became elastic in a matter of decades.

Belgian artist Johan Creten left his country thirty years ago to travel the world as a 'Clay Gipsy'. He has always maintained his artistic focus on the beautiful object, the piece of art manufactured using craftsmanship. While this may sound comforting, it is actually deceptive, because beneath the surface of his oeuvre, things are brewing and churning. Not without reason, Creten fills his everyday environment with artworks and artefacts from all corners of the world and all time periods, in much the same way that insane Emperor Rudolf II filled up his *Kunst- und Wunderkammer* in his castle in Prague around 1600. From an early stage, Creten felt attracted by the direct, spontaneous, and polychrome character of ceramics and, especially, the abundant symbolism and intrinsic richness of this 'poor' material. The fact that he initially trained to be a painter will come as no surprise because other painters — Paul Gauguin, Karel Appel, Lucio Fontana — also modelled spectacular ceramic sculptures. Accepted wisdom in art history has painters leading modern sculptural art in a new direction: Degas, Matisse, Picasso. This theory, however, fails to account for Rodin, the uncontested father of modern sculptural art, who came straight from the world of architectural sculpture. Maillol, another great innovator and, like Rodin, a *sculpteur profond*, only chose sculpture at a later age. Before doing so — a little less than a century before Johan Creten showed up at its door — he honed his ceramic-craft skills in the workshops of the Manufacture nationale de Sèvres. It is actually a tribute to the medium of sculpture that painters find the three-dimensional realm irresistible while, conversely, sculptors seldom bother with paint and canvas. Sculpturing, you see, is much more difficult than painting.

After Georges Minne, Johan Tahon, Oscar Jespers, and Nick Ervinck, Johan Creten is the fifth Belgian artist to be afforded a solo show in the museum Beelden aan Zee. Creten's evolution and orientation are too international for him to remain a prisoner within Belgium's borders any longer, but this uprooting cannot prevent there being something tying him to his country, even if that something is hard to define exactly. Belgium, actually, wholesales artists that are not only exceptionally talented but at the same time also very authentic and original, turning Belgian culture into a turbulent inland sea dotted with islands that apparently do not communicate among themselves. To Dutch residents of the carefully tended Vinex suburbs, unkempt Belgium remains the most misunderstood foreign country. Nevertheless, we feel a jealous attraction, refreshing ourselves with the sensuality of Wouters, the sinisterness of Fabre, the absurdness of Magritte, the megalomania of Panamarenko, the philosophy of life of Hergé, the pleasant eroticism of Tytgat, and the abstract irony of Cowboy Henk. Which of these — and many more — elements play a role in Johan Creten's diverse and indomitable universe, rooted as it is in a wealth of historical and contemporary frames of reference, is what we can now go and discover at this first-ever solo exhibition in a Dutch museum by internationally acclaimed artist Johan Creten.

My compliments to guest conservator Joost Bergman for the way in which he has picked up the gauntlet, and my thanks to Johan Creten for the excellent cooperation.

General Director museum Beelden aan Zee
Jan Teeuwisse

EEN NIS IN KLEI

Joost BERGMAN

'**FLEMISH ARTIST CARVES A NICHE IN CLAY**' kopte *The New York Times* in 2013.[1] Johan Creten had keramiek uit de ambachtelijke sfeer weten te halen, en daarmee verdiende hij volgens de criticus een toonaangevende plaats binnen de hedendaagse kunst. Als voorloper van die ontwikkeling gebruikt Creten al sinds de jaren tachtig keramiek inderdaad op een hoogst originele manier, wat resulteert in werken met een conceptuele grondslag die inmiddels ook een jongere generatie kunstenaars tot inspiratie dienden. Klei is voor hem niet langer het stiefkind, maar een serieus materiaal met — artistiek gezien — oneindig veel nieuwe mogelijkheden. Het is niet zijn enige instrument. Hij gebruikt ook andere technieken en materialen. Verwijzend naar kunstenaars zoals Philip Guston (1913–1980) en Sigmar Polke (1941–2010): 'Ik ben vrij. Ik kan mijn verhaal vertellen op veel verschillende manieren. De ene keer heel erg figuratief en verhalend, de andere keer abstract, nog een andere keer een supergroot werk en daarnaast een juweel of een kostuum voor een theaterproductie'.[2] Creten is niet voor één gat te vangen; het typische 'Creten-beeld' bestaat niet. Begrippen als 'postmodern' of 'eclectisch' bieden weinig grip, zijn oeuvre is daarvoor te divers en ook vaak te persoonlijk.

Creten volgde de opleiding schilderkunst aan de Academie voor Schone Kunsten in Gent, waar hij het indertijd tegendraadse besluit nam om met keramiek te gaan werken. Vervolgens studeerde hij sculptuur aan de École nationale supérieure des beaux-arts in Parijs. In 1991 was hij resident aan de Rijksakademie in Amsterdam. Daarna leidde hij, veelal als *artist in residence*, een tijdlang een zwervend kunstenaarsbestaan. 'Ik wilde vrij zijn en dat kon niet in België, dus reisde ik van de ene ervaring of mogelijkheid naar de volgende. Ik bleef op elke plek minimum drie maanden, maximum drie jaar. Telkens werkte ik met de lokale klei en glazuren die ik daar aantrof. Telkens voegde dit iets toe aan mijn kennis, en ook aan mijn verhaal.'[3]

In 1996–1997 werkte hij als laureaat van de Franse Prix de Rome in de Villa Medici. Dat laatste jaar nam hij deel aan de 5th International Istanbul Biënnale, waarna hij in 1998 naar Mexico vertrok. Daarna volgden Arizona in 2000 en een jaar later Oakland, waar hij ook als docent verbonden was aan de plaatselijke kunstacademies. Van 2001 tot 2003 werkte hij op uitnodiging in Miami. 'Als ik eraan terugdenk dat Robert Miller, galerist van Louise Bourgeois, Jean-Michel Basquiat, Robert Mapplethorpe en Lucian Freud, me belde toen ik in Rome woonde en me zei: "Ik heb foto's van je werk hier in New York gezien; kom naar hier en ik geef je een expo", om mij dan jaren later een expo in het Bassmuseum in Miami te geven en ik bij hem thuis kwam in een ruimte waar al die kunstwerken stonden van bovengenoemden, samen met werk van mij en Jackson Pollock en Polke enzovoort, dan denk ik: "Niet slecht gedaan, Johan".'[4]

Vanaf 2004 verbleef hij maar liefst drie jaar in de wereldberoemde Franse porseleinfabriek Manufacture nationale de Sèvres, waar hij werkte en woonde. Dat resulteerde in 2005 in zijn deelname aan de groepstentoonstelling *Contrepoint 2* in het Louvre, waar hij als eerste levende Belg zou exposeren. Hij toonde zijn werk daar in samenspraak met dat van de door hem bewonderde zestiende-eeuwse kunstenaar Bernard Palissy (1510–1590), die veel voor de keramiek heeft betekend.

Daarnaast nam Creten deel aan talloze grote en kleinere solo- en groepstentoonstellingen, zoals *Féminin-Masculin* in het Centre Pompidou in 1995 en *De Storm* in de tuin van het Middelheimmuseum in Antwerpen in 2014. Een jaar later deed hij mee aan *Vormidable: Hedendaagse Vlaamse Beeldhouwkunst* in het museum Beelden aan Zee. In 2016–2017 volgde *La Traversée/The Crossing* in het CRAC (Musée régional d'art contemporain Occitanie/Pyrénées-Méditerranée), een weerzien met het Zuid-Franse Sète, waar hij al eerder had verbleven. Na jaren van reizen is tegenwoordig Parijs zijn thuisbasis. Al geruime tijd werkt hij samen met Galerie Perrotin, die behalve in Parijs vestigingen heeft in New York, Shanghai, Tokio, Seoel en Hongkong, evenals met Galerie Almine Rech in Brussel. Zijn galerie van het eerste uur, Transit in Mechelen, is hij altijd trouw gebleven.

Zijn tentoonstellingen op historische locaties of te midden van een museale collectie bieden hem de kans om weer andere verhalen te vertellen, andere invalshoeken te laten

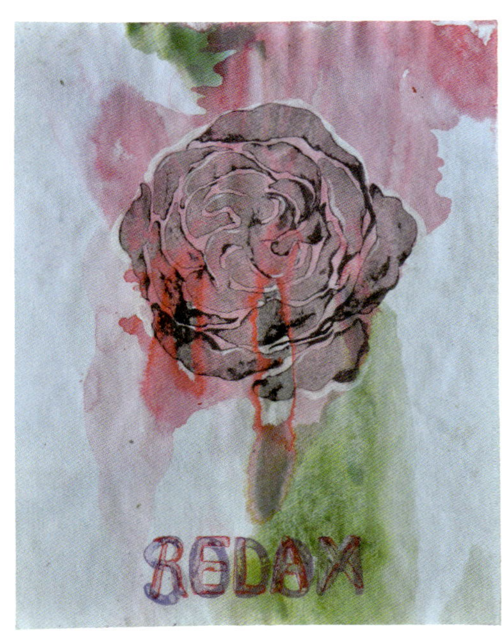

(afb.1)

zien. Zo vond zijn eerste grote tentoonstelling in 1994 plaats op een verlaten golfbreker in de Middellandse Zee voor de stad Sète. De ruimte was een oude 'lazaretto' waar in quarantaine geplaatste zeevaarders werden ondergebracht. 'Maar de projecten waar ik het meest van geniet, zijn die waar ik in een historische ruimte kan interfereren. Omdat je in een geladen plek een ander verhaal kunt vertellen, met een andere ervaring voor de toeschouwer.'[5] In Istanboel fungeerde de eeuwenoude Yerebatan Cistern als magistraal decor voor zijn presentatie. Eigenlijk geldt dat ook voor een openbaar project zoals in Mechelen, want ook die plek is in zekere zin 'heilig' voor hem. Als Vlaming die zich beschouwt als door Frankrijk geadopteerd voelt hij zich nog altijd verbonden met zijn geboortegrond.

Voor museale tentoonstellingen in Miami, The Wallace Collection in Londen en het Louvre, het Musée de la Chasse et de la Nature en het Musée national Eugène Delacroix werd zijn werk in de bestaande collectie geïntegreerd. In een dergelijke setting gaan zijn beelden een dialoog aan met de hun omringende objecten. Het is een wijze van presenteren die op allerlei manieren nauw bij zijn interesses aansluit.

Veel van de recente sculpturen van Johan Creten zijn ontstaan in nauwe samenwerking met het Haagse keramisch atelier Struktuur 68 en de eerder genoemde Franse porseleinfabriek Manufacture nationale de Sèvres. Het vakmanschap van dergelijke instellingen in combinatie met Cretens kunstenaarschap levert buitengewoon fraai uitgevoerde kunstwerken op, die elk een unieke uitstraling bezitten.

Over zijn eigen rol als kunstenaar is Creten duidelijk. Als ontwerper c.q. bedenker vergelijkt Creten zichzelf met een dirigent of architect die ervoor moet zorgen dat alles perfect strookt met zijn visie als kunstenaar.[6] Bovendien is hij genereus in het benoemen en bedanken van de soms vele anderen die bij de totstandkoming van zijn beelden zijn betrokken. Andere succesvolle conceptuele kunstenaars zoals Wim Delvoye (1965), Jeff Koons (1955) en Murakami (1962) hebben vaste assistenten in dienst die in geavanceerde werkplaatsen hun werk afleveren. Creten mocht volgens *The New York Times* keramiek weliswaar uit de ambachtelijke sfeer hebben gehaald, het neemt niet weg dat hij graag alleen werkt, solistisch, met de handen in de klei. Dat aspect van uniciteit vindt hij belangrijk. Aan de huid van zijn beelden besteedt hij veel aandacht. Die kan ruw zijn of agressief, bedekt met kleine details als kristallen of juist glad door het aanbrengen van een glanzende glazuurlaag. In de voorbereidingsfase maakt hij schetsen en tekeningen (afb.1) die soms jarenlang als idee op de plank blijven liggen. Opmerkelijk genoeg wordt de vaak overdadige, wellustige vormentaal slechts opgebouwd uit wat voor hem het nederigste aller kunstenaarsmaterialen is: klei. Het staat voor Creten vrij letterlijk als de vruchtbare voedingsbodem waaruit zijn fascinerende sculpturen oprijzen. Zoals Creten zelf zegt over die schijnbare tegenstrijdigheid van het materiaal: 'Klei is drekachtig, hij is as van doden', 'tegelijk is hij moeder aarde, hij verbindt het heilige en het profane, op een brutale manier, tegelijk walgelijk en magisch.'[7]

De symbolisch gekozen titel *Naked Roots/Naakte Wortels* verwijst niet alleen specifiek naar de grondslag van Cretens beelden, maar spreekt ook over meer algemene thema's zoals oorsprong, herkomst, de plaats van het individu in de geschiedenis en intermenselijke verhoudingen. Het zijn thema's die veelvuldig in zijn oeuvre figureren.

Deze expositie spreekt ook over de wortels van wie we zijn als individu en hoe we fungeren als gemeenschap. Tevens is het thema gelieerd aan klei als een van Cretens belangrijkste grondstoffen, maar ook aan de aarde, aan een voedingsbodem en dus ook aan vruchtbaarheid. Ook meer negatieve aspecten zoals 'ontworteld' en 'wanhopig vastklampen' zijn daarmee verweven. De Nederlandse titel *Naakte Wortels* klinkt 'rauwer' dan de Engelse en refereert daarom misschien wel beter aan menselijke schaduwkanten, al zijn die 'wortels van het kwaad' verbonden aan ondeugden die we liever in het verborgene houden. Ook de kwetsbaarheid van de mens wordt ermee aangeduid. Vincent van Gogh (1853–1890) wilde met zijn weergave van boomwortels iets 'uitdrukken van den strijd des levens'.[8] In dat opzicht is de nog vrij recente ontdekking dat zijn allerlaatste werk niet *Korenveld met kraaien* is, zoals jarenlang werd aangenomen, maar het schilderij *Boomwortels* (afb.2), dat hij op de ochtend voor zijn dood in 1890 heeft gemaakt, nog symbolischer geworden.

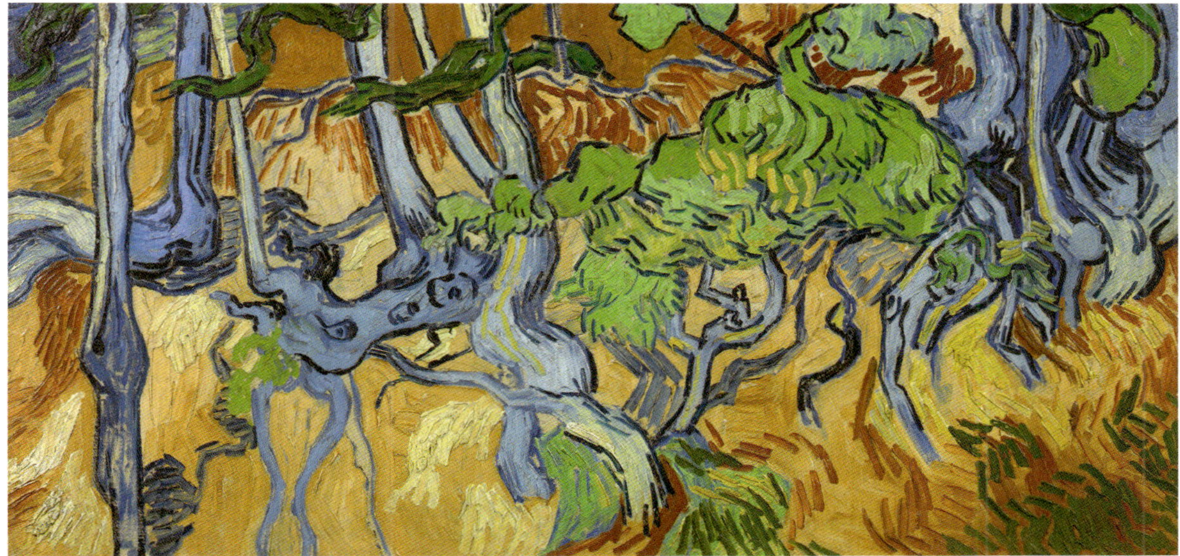

(afb.2)

Het zijn allemaal facetten die tot uiting komen in Cretens werk. Zonder dat verband uitvoerig bij elk werk afzonderlijk te benoemen wordt duidelijk dat in het oeuvre van Johan Creten een groot aantal thema's met elkaar verweven is. Het blootleggen ervan is monnikenwerk. 'Mijn werk is niet één ding, één concept of één wereld. Het is zoals de gelaagdheid van wat er omgaat in ieder van ons. Wij zijn niet één laagje. Als kunstenaar kun je ook met heel veel verschillende lagen bezig zijn.'[9]

Wie nieuwsgierig is naar de oorsprong van Johan Cretens sculpturen, zal soms diep moeten graven en eigen grenzen dienen op te rekken. Hoe 'toegankelijk' de meeste beelden op het eerste gezicht ook lijken, hun achtergrond is een agglomeraat van (persoonlijke) associaties, verwijzingen en afgeleiden. Zijn prachtig gekleurde sculpturen — soms bewust afstotelijk, een andere keer juist weer verleidelijk — zitten vol (dubbelzinnige) verwijzingen en 'knipogen' zoals hij ze zelf noemt, waarvan de onderlinge samenhang en betekenis zich niet ogenblikkelijk laten duiden. Om die reden laat het werk zich niet gemakkelijk de maat nemen, zelfs niet door ingewijden (die inmiddels wel vertrouwd zijn met karikaturale uitvergroting of een glamourvolle materiaalkeuze). De thema's die Creten aansnijdt zijn vaak 'versluierd', al was het maar dankzij een woordspeling in de titel. Niets wordt aan het toeval overgelaten, en niets is wat het lijkt. De kunstenaar zelf kent de diverse verhaallijnen, maar laat het aan de toeschouwer over om zelf te interpreteren of op zoek te gaan naar eventuele herkomsten, zolang die een 'verhaal' maar weten te entameren.

Naar aanleiding van de plaatsing van de duizend kilo wegende bronzen sculptuur *Le Grand Vivisecteur* (afb.3) bij de Sint-Romboutskathedraal in Mechelen in 2017 vergeleek Creten 'het geheim' van een beeld met een geschenk dat door de ontvanger of kijker zelf uitgepakt moet worden. Hij vindt dat er in de kunstwereld te veel wordt uitgelegd. De titel van het werk biedt volgens hem de kijkers een soort sleutel waarmee ze desgewenst op zoek kunnen gaan, maar wijst erop dat het ook gewoon een sculptuur is, om te bekijken, om te ontdekken. Dus, 'als je het beeld de tijd geeft om tot jou te spreken, dan zal het zich langzaam openen en wordt het stilaan misschien wel een bekende voor je'.[10]

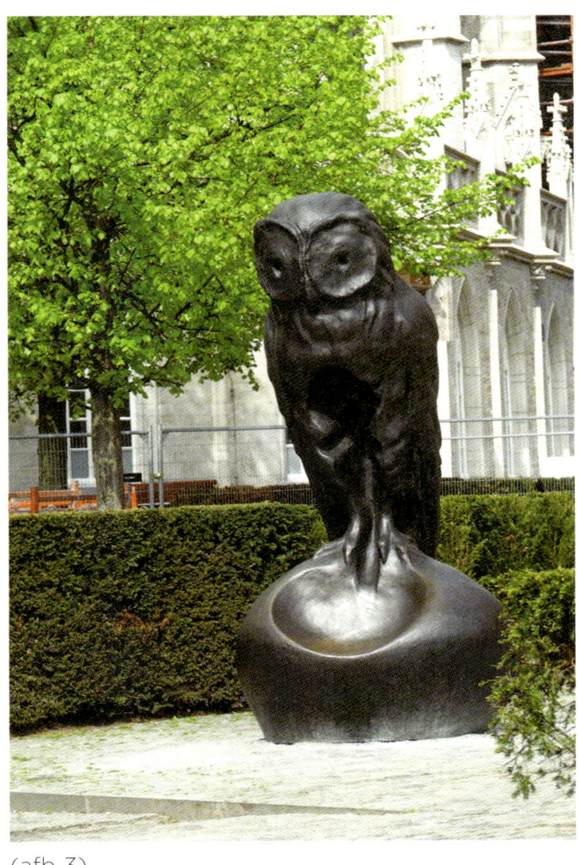

(afb.3)

Cretens inspiratiebronnen lijken onuitputtelijk en laten zich direct linken aan zijn grondige kennis van de kunstgeschiedenis, de indrukken opgedaan tijdens talloze reizen en veelvuldige museum- en tentoonstellingsbezoeken. Die basis werd al vroeg in zijn jeugd gelegd toen hij als kleine jongen in contact kwam met het bejaarde antiquairsechtpaar Leonard, in zijn woonplaats Tienen. Zij nodigden hem uit om elke woensdagmiddag over kunst, geschiedenis en antieke voorwerpen te komen praten. Die leerzame bezoeken zette hij jarenlang voort, waardoor hij een grote hoeveelheid kennis opdeed en liefde voor een scala aan objecten ontwikkelde. Niet voor niets heette zijn eerste expositie in

1990 bij galerie Transit in Leuven *L'oeil de l'antiquaire*. Die brede scholing zit nog altijd in zijn smaak en voorkeuren verankerd.

Een bezoek aan Cretens huis en atelier in Parijs werpt een verhelderend licht op zijn fascinaties en visuele drijfveren. In de wijk Le Marais bewoont hij samen met zijn levenspartner Jean-Michel Othoniel een appartement dat uitkijkt op de tuin van het Musée national Picasso. Samen vulden ze hun kamers met kunst, antiek en souvenirs van over de hele wereld. Dat resulteerde in een overdadig ingericht interieur. Alsof je het vertrek van verzamelaar Cousin Pons uit de gelijknamige roman van Honoré de Balzac (1799–1850) betreedt. Wat direct opvalt, zijn de zorg en goede smaak waarmee meubels en objecten zijn uitgekozen en bij elkaar geplaatst. Stapels veiling- en tentoonstellingscatalogi staan langs de muren opgesteld. Het zijn bronnen van kennis waarin Creten feilloos zijn weg weet te vinden. Zijn uitspraak 'Ik ben een bibliotheekmens en een verzamelaar' is, zoveel is meteen duidelijk bij binnenkomst, niet uit de lucht gegrepen.[11] Toch is het geen museum. Hier wordt niet alleen van kunst genoten, er wordt ook gewoon gewerkt, gewoond, geleefd. Een brede salontafel en een kabinet van de beroemde Amerikaanse vormgever van Japanse afkomst Georg Nakashima (1905–1990), waarboven een groot werk van Gilbert & George (1943, 1942) hangt. Een set zeldzame stoelen gebaseerd op de vorm van kristallen, ontworpen door Walther Kniebe (1884–1970), een leerling van de grondlegger van de antroposofie, de architect en filosoof Rudolf Steiner (1861–1925). Een 'Lüsterweibchen' hangt erboven aan het plafond. De lange eettafel is van minder hoogwaardige kwaliteit, maar uitstekend geschikt voor langdurige diners met vrienden en bekenden. Hier wordt praktisch nut heel organisch met schoonheid gecombineerd. Voorts staan er diverse keramische objecten van Robert Chapman Turner (1913–2005), een Amerikaanse keramist wiens fascinerende keramiek er eeuwenoud uitziet, maar dat heel eigentijds van opvatting is. Turner doceerde bovendien vanaf 1958 aan de Alfred University in New York, waar in 2013 Cretens interessante serie *Alfred Paintings* ontstond. Ergens aan de wand is een uit Mexico meegenomen schotel bevestigd die, ooit in stukken gebroken, door iemand liefdevol en geduldig weer in elkaar werd gelijmd. Creten waardeert het en ziet er de schoonheid van in. Geschilderde draperiestudies door Edgar Degas (1834–1917) hangen er, maar ook een klein, goed geschilderd anoniem schilderij van een hazewindhond heeft hier een plek gekregen. Je komt ogen tekort.

Opvallend zijn de renaissance- en barokbronzen die in iedere ruimte te vinden zijn, tot in de slaapkamer en bibliotheek aan toe, waar ze samen met de boeken moeten wedijveren om een plaats. Dit is Cretens grote liefhebberij. Er zijn kostbare exemplaren die hij bij gerenommeerde internationale veilinghuizen kocht, maar ook beeldjes die hij voor een paar euro op een rommelmarkt aantrof. Binnen de kortste keren staan er enkele sculpturen op tafel, boeken en catalogi als referentiemateriaal ernaast. Meteen gaat het over de kwaliteit van de gieting, patina, techniek, herkomst, aankoopgeschiedenis en toeschrijvingsproblematiek. Hij praat er enthousiast en uitgebreid over en zijn expertise is ronduit indrukwekkend. Aan het einde van het bezoek zou Creten zeggen 'Ik kan altijd nog antiquair worden', ditmaal met een knipoog.

Voor de tentoonstelling heeft Creten uit zijn uitgebreide collectie een aantal objecten geselecteerd die direct of indirect een inspiratie leverden voor zijn eigen werk. Daaruit blijkt Cretens voorliefde voor een grote verscheidenheid aan tijden, materialen en aandacht voor een nadrukkelijke textuur. In dat opzicht sluit zijn jarenlange werkwijze naadloos aan bij de recente aandacht van musea, kunstbeurzen en veilinghuizen om 'transhistorische' presentaties samen te stellen waarin de invloed van oude op hedendaagse kunst centraal staat.

Een exemplaar van het beroemde beeld van Bernard Palissy (VIII) door Louis-Ernest Barrias (1841–1905) mag daarin uiteraard niet ontbreken. Het is een imaginair portret van omstreeks 1875 en voorzien van alle attributen die de hugenoot Palissy een welhaast mythische status hebben verleend. Zo is de kunstenaar, met getormenteerde blik, afgebeeld naast een bakoven waarin hij naar verluidt zelfs zijn meubels en vloer verbrandde om de juiste temperatuur te bereiken. Een boek verwijst naar zijn publicaties. Aan zijn voeten liggen mineralen en fossielen die hij tegenkwam tijdens zijn jarenlange zoektocht naar nieuwe glazuursoorten. Onder zijn arm draagt hij een schotel met daarop het voor hem typische decor van dieren en planten in reliëf. De vormelijke kleding met daarover een leren voorschoot ten slotte verwijst naar een leven van hard werken en zijn dood als martelaar van het protestantisme in de Bastille. Dit romantische beeld van de compromisloze kunstenaar die alles voor zijn kunst overhad ontstond in de negentiende eeuw.

Een andere martelaar in de collectie is de Heilige Sebastiaan (II), verpersoonlijkt door een ivoren sculptuur die omstreeks 1500 in Frankrijk of Duitsland werd gemaakt. De knappe jongeman werd vanwege zijn geloof met pijlen doorboord. Zijn handen zijn achter zijn rug gebonden. De gaten in zijn lichaam, waarin vermoedelijk ooit kleine ivoren pijltjes staken, zijn nog zichtbaar. Opvallend is de wonderlijke, verbaasde uitdrukking, die je niet zou verwachten bij iemand die een dergelijk gruwelijk lot ondergaat. Ivoor was vroeger een heilig en kostbaar materiaal dat vaak werd gebruikt voor religieuze objecten. Tegenwoordig is het door stroperij en illegale handel in een kwaad daglicht komen te staan. Wereldwijd wordt inmiddels gepleit voor een algeheel handelsverbod. De keerzijde van die rigide regelgeving is dat de omgang met ivoren objecten voor handelaars en verzamelaars grote problemen oplevert. En dat terwijl ze als bewaarders en promotors van ons cultureel en artistiek erfgoed juist een groot deel van onze verantwoordelijkheid richting komende generaties voor hun rekening nemen.

De bronzen wijnverwarmer (V) uit Pompeji is een souvenir van de *Grand Tour*. Dat was een reis die veel welgestelde jongeren in de achttiende en negentiende eeuw als onderdeel van hun opvoeding maakten naar Italië, Griekenland, Egypte en het Midden-Oosten om in contact te komen met de antieke oudheid. Ze bewonderden er de Grieks-Romeinse overblijfselen en kunstschatten. Beroemde schrijvers en dichters zoals Goethe (1749–1832) en Lord Byron (1788–1824) maakten er in bloemrijke taal prachtige reisverslagen van, die gretig door het thuispubliek werden gelezen. De productie van dit soort kopieën naar antieke voorbeelden vormde een ware industrie en vaak kwamen de reizigers zwaarbeladen met aandenkens terug.

Van zijn werkverblijf in Arizona nam Creten een *rain sash* (VII) van de Hopi-indianen mee: een stuk handgeweven textiel dat bij bruiloften door de bruid werd gedragen als vruchtbaarheidssymbool. De smalle strook, gemaakt van katoen, is afgezet met dikke knopen die wolken voorstellen en een afhangende franje die vallende regen representeert.

Een Japans Haniwa-hoofd (I) van terracotta dateert uit de zesde eeuw vóór Christus. Het stelt een mannelijke krijger voor met een helm op het hoofd. De ogen en mond zijn eenvoudigweg door middel van openingen weergegeven, waardoor het beeld een maskerachtig karakter krijgt.

De bevallige bronzen *Venus* (III), godin van de liefde en schoonheid, is afkomstig uit de werkplaats van Girolamo Campagna (1549–1625?). Hoewel het fraai gepatineerde beeld slechts 38 centimeter hoog is, bezit het een monumentale uitstraling. In haar hand draagt de godin de gouden twistappel die ze ontving als winnaar van het 'Oordeel van Paris', een bekend verhaal uit de Griekse mythologie.

Een fraai albasten kopje (VI) uit Jemen van omstreeks het begin van onze jaartelling is de eeuwen erna niet ongeschonden doorgekomen. Het toont ondanks de beschadigingen de schoonheid van het fragment.

In het Metropolitan Museum of Art in New York bevindt zich daarvan een bekend voorbeeld: een onderdeel van een Egyptische sculptuur, *Fragment of a Queen's Face*, van ca. 1353–1336 vóór Christus, gemaakt uit gele jaspis. Hoewel het grootste gedeelte van het gelaat is verdwenen, vullen we het gezicht in gedachten automatisch aan. Het brokstuk roept nog altijd de schoonheid van de koningin op.

De beeldhouwer Rodin (1840–1917), eveneens een belangrijke inspiratiebron voor Creten, betreurde bij fragmenten niet wat verloren was gegaan, maar bewonderde dat wat was

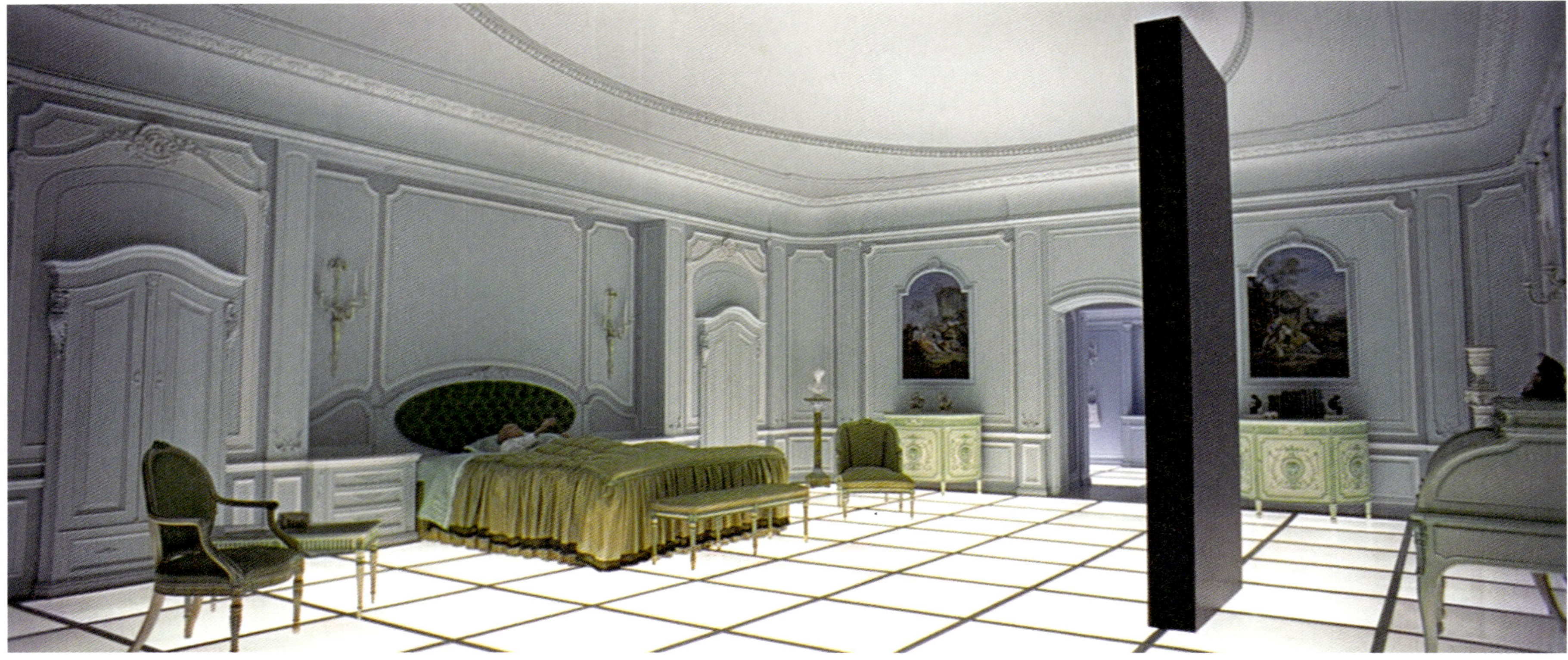

overgebleven. Zijn eigen omvangrijke collectie antiquiteiten bevatte dan ook veel fragmenten, die hij hogelijk waardeerde om hun sculpturale en visuele kracht.

Een bijna magisch object is een oude Inuit-torso (IV), afkomstig van de Okvik-cultuur rond de Beringstraat, die zich in hun kunst toelegden op het weergeven van de menselijke figuur. Het beeldje is slechts 14 centimeter hoog, gesneden uit walrusivoor en versierd met een subtiel ingegraveerd geometrisch lijnenspel dat refereert aan tatoeagepatronen. Hoewel het hoofd ontbreekt, bezit het nog altijd een krachtige uitstraling. Het werd mogelijk gebruikt tijdens sjamanistische rituelen.

De intrinsieke, haast voelbare kracht van dergelijke voorwerpen doet denken aan de openingsscène van de beroemde film van Stanley Kubrick *2001: A Space Odyssey* (afb. 5) uit 1968, waarin een mysterieuze, zwarte, rechthoekige monoliet plotseling op aarde verschijnt. De primitieve mensachtigen die er leven erkennen het voorwerp meteen als een betekenisvol object. Die kwaliteit streeft Creten ook na in zijn beelden en hij ervaart ze ongetwijfeld ook in dit voorwerp.

Binnen deze huiselijke muren ontstaan toevallige onderlinge verbanden tussen kunstwerken. Zo hangt er een tekening van de Amerikaanse kunstenaar Raymond Pettibon (1957), die bekendstaat om zijn fascinerende combinatie tussen beeld en tekst. Het blad heeft als onderwerp 'Sint-Joris en de draak' (IX), de symbolische overwinning van goed over kwaad. Op de schouw in de ruimte ernaast prijkt een fraaie, kleine sculptuur van Francesco Fanelli (1590–1653), een levendige verbeelding van hetzelfde onderwerp die afkomstig is uit de collectie van J. Pope-Hennessy, voormalig directeur van het British Museum. Cretens ontdekking dat de Engelse koning Charles I ook een versie van dit beeld in zijn collectie bezat, vormt een link met diens zoon Charles II, die vanuit Scheveningen naar Engeland vertrok om de Engelse troon te bestijgen. Zo wordt via een aantal stappen Cretens eigen verzameling via een beroemde koninklijke collectie aan de huidige tentoonstelling in museum Beelden aan Zee gekoppeld.

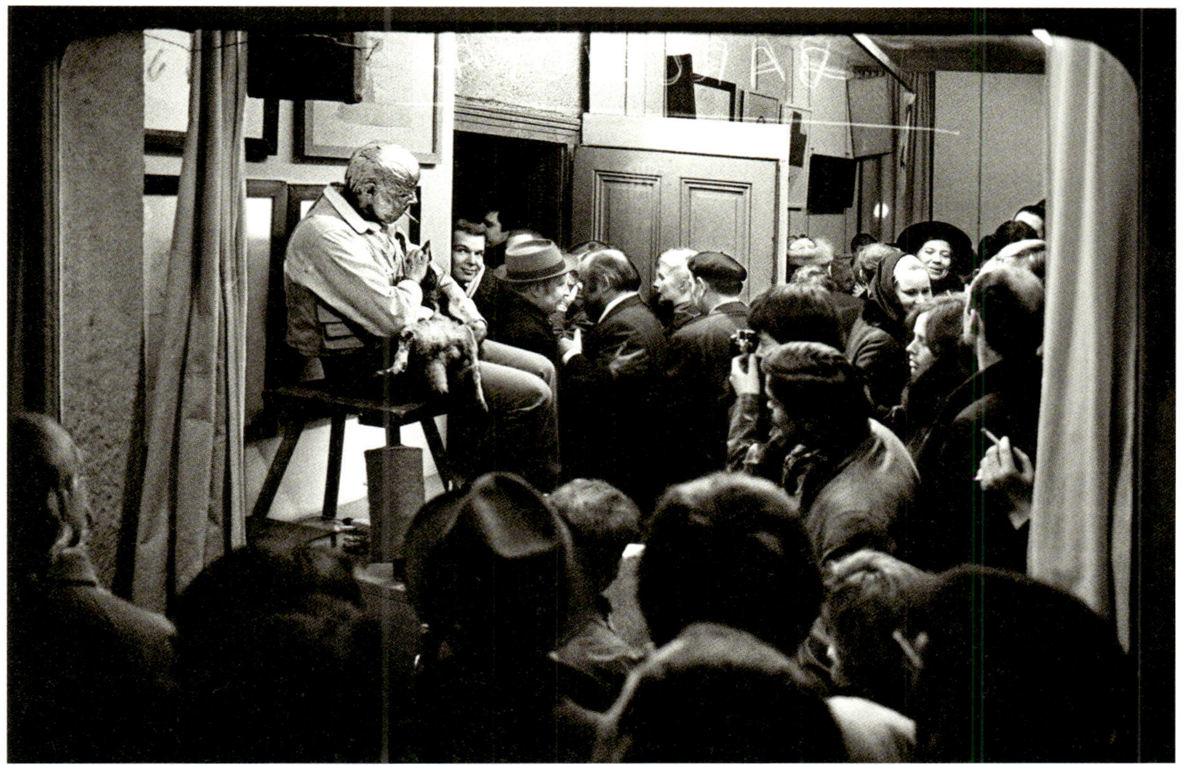

(afb. 6)

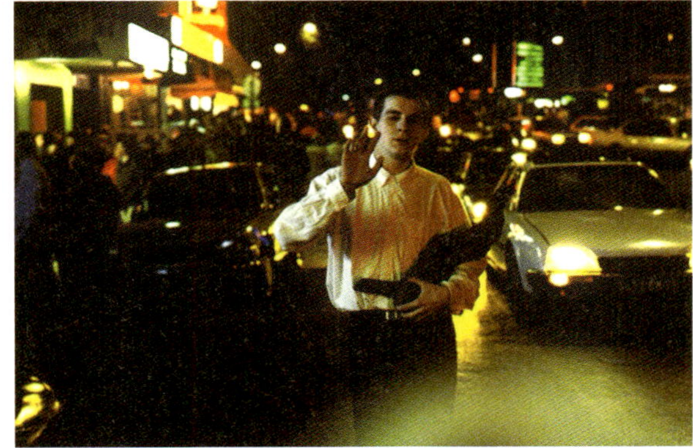

(afb. 7)

Werken

Wat thematiek betreft, vindt Creten een onuitputtelijke bron van inspiratie bij mens en natuur, maar ook de klassieke oudheid, kunstgeschiedenis, opera, literatuur en poëzie dragen talloze onderwerpen aan. Die inhoudelijke gelaagdheid kan echter ook worden aangevuld met meer actuele, maatschappelijk beladen onderwerpen zoals politiek, racisme, machtsverhoudingen en seksualiteit. Eenduidig is een beeld vrijwel nooit, er spelen altijd meerdere thema's tegelijk. Hoewel Creten in interviews wijst op de vrije, interpreterende rol van de beschouwer, licht hij in diezelfde gesprekken geregeld een tipje van de sluier op als het gaat om de duiding of herkomst van een specifiek werk. Volledige openheid van zaken geeft hij echter niet, zodat er altijd betekenismogelijkheden en invalshoeken overblijven die de beschouwer naar eigen inzicht kan invullen.

La Langue (8) (het Franse woord voor 'taal' en 'tong') behoort, samen met *Présentoir d'Orange* (2), tot de vroege werken van Creten. Het beeld werd gebruikt in een performance waarin hij refereert aan Joseph Beuys (1921–1986) beroemde 'Aktion' *Wie man dem toten Hasen die Bilder erklärt / How to Explain Pictures to a Dead Hare* uit 1965, waarbij Beuys met een gezicht bedekt met goud in een afgesloten galerieruimte rondliep met een dode haas in zijn armen (afb. 6). Creten op zijn beurt reisde in 1986 's nachts met een grillig gevormd stuk keramiek door de Parijse metro en het Quartier Pigalle, de rosse buurt, waarbij hij voorbijgangers vroeg wat ze erin zagen. Dat leverde veel reacties op, waarmee Creten aangaf dat zijn beelden niet per se uitleg behoeven om te kunnen communiceren (afb. 7). Creten over zijn inspiratie door Joseph Beuys: 'Ik was ervan overtuigd dat je zoveel meer kon vertellen met deze materie (= keramiek), om complex politiek, sociaal werk te creëren.'[12] Enigszins in lijn met die gedachte exposeerde hij in 1988 onder de titel *Kunstkamer* in de galerie van Anthony Meyer, een Parijse handelaar gespecialiseerd in tribale kunst uit Oceanië en in Eskimokunst. De titel en locatie kwamen voort uit de overtuiging dat een object ook buiten de context van het museum kan worden getoond, zonder aan betekenis of zeggingskracht in te boeten. Daarmee verbrak hij de dominantie van de *white cube* als expositieruimte, een concept dat hij in aangepaste vorm overnam van Jan Hoets (1936–2014) spraakmakende tentoonstelling *Chambres d'Amis* uit 1986 in Gent, waarbij de kunstwerken niet binnen de muren van het museum, maar bij mensen thuis werden geëxposeerd. Creten was destijds een van de

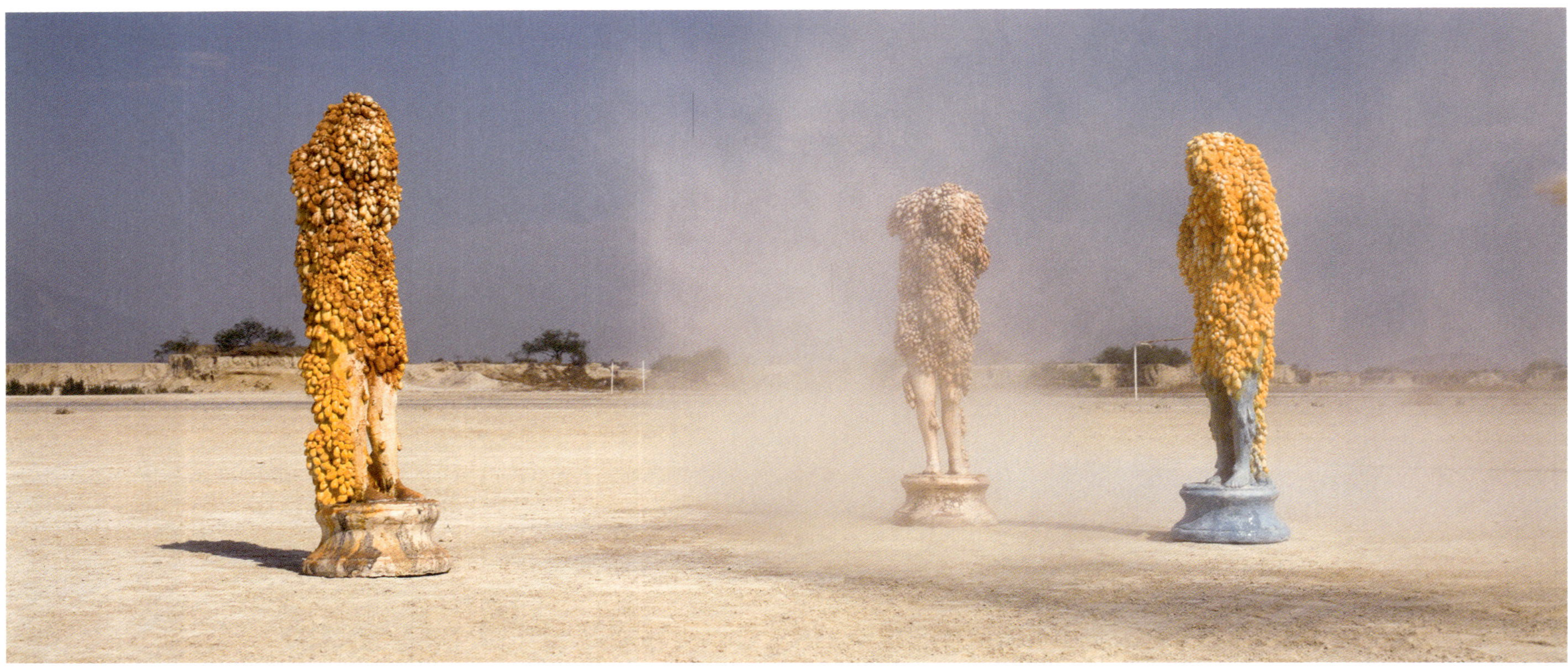

(afb. 8)

(afb. 8) Johan Creten
· *Old Fear Viejo Miedo,* 1998–1999
Geglazuurd terracotta
96 x 40 x 34 cm
· *El Jardin de Memo,* 1998–1999
Geglazuurd terracotta
96 x 40 x 34 cm
· *Why does Strange Fruit always look
so Sweet?,* 1998–1999
Geglazuurd terracotta
103 x 35 x 30 cm
Villa de Garcia, Monterrey, Mexico

suppoosten die toezicht hielden op een ruimte, in zijn geval het werk van de Amerikaans conceptuele kunstenaar Robin Winters (1950) dat een 'onzichtbaar kunstwerk' was.

Het weelderig gouden *Big Glory-La Trinité* (27) heeft een politiek en religieus thema, maar presenteert zich in eerste instantie als een uitvergroot juweel aan de muur. Een beetje als een broche, zoals Creten die graag draagt op de revers van zijn jasjes. Daardoor brengt het wellicht het werk van Benvenuto Cellini (1500–1571) in gedachten, de goud-smid en beeldhouwer die als homo universalis groot aanzien en bekendheid verwierf. Qua vorm doet het denken aan de broze skeletten van zee-egels die je op het strand kunt vinden. Ook de associatie met andere zeedieren dringt zich op. Creten zelf verwijst naar het glasraam achter het altaar waar het zonlicht doorheen valt in katholieke kerken. De Heilige Drie-eenheid uit de titel valt daarmee ook op haar plaats.

De drie werken *Glory-OKVIK I, II* en *III* (13, 14, 15) zijn gloednieuw en kwamen pas recent uit de bakoven bij Struktuur 68. De ovale vorm doet denken aan het wapenschild van de Medici-familie, dat niet alleen overal aan gevels in de stad Florence is bevestigd, maar ook ver daarbuiten in het Italiaanse straatbeeld terug te vinden is als symbool van hun macht. De zes bollen, zogenaamde *palle*, nam Creten over en hij verwerkte ze veelvuldig in zijn werk als een soort van parels. Creten voorzag ze van een lijnenspel dat te verge-lijken is met dat op de oude Inuit-torso uit zijn eigen collectie. Of je zou het ook aan de natuur kunnen relateren en er misschien de rugschilden van kevers met hun symmetri-sche vlekkenpatroon in zien.

In *Why does Strange Fruit always look so Sweet?* (40) komen onder andere een per-soonlijke ervaring en raciale ongelijkheid aan bod. Tijdens zijn verblijf in de Fondatione Artesanarte in Mexico werkte Creten wekenlang in de woestijn tot hij volledig uitgeput raakte. Hallucinerend van de koorts keek hij op een gegeven moment vanaf zijn bed naar een palmboom in de tuin waaruit zoete dadels vielen. De vormen van de vruchten ver-mengden zich in zijn gedachten met de opgezette klieren in zijn nek. De kenmerkende trossen waarin de steenvruchten groeien verwerkte hij in deze sculptuur, waarvan hij op dat moment drie verschillende versies maakte (afb. 8). In de jaren die volgden ontston-den er nog monumentale en miniatuurversies van. De titel verwijst naar een song van Billie Holiday (1915–1959), een aanklacht tegen het Amerikaanse racisme, dat zich in de zuidelijke staten onder meer uitte in het lynchen van Afro-Amerikanen. De vraag uit de titel blijft echter op zichzelf staan: waarom is het onbekende toch altijd zo verleidelijk?

Cretens sociale engagement komt ook tot uiting in een werk als *The Gate* (10), een foto-collage van een ingreep in de publieke ruimte waarbij Creten zich afzet tegen uitsluiting. Bij de toegang tot een Zuid-Franse parkeerplaats van het gemeentehuis had het gemeentebestuur een smalle, lage poort geplaatst om te voorkomen dat zigeuners er met hun wagens konden inrijden om te overnachten. Creten liet de doorgang dichtmetselen met speciale stenen, zodat een muur ontstond waarin een patroon met swastika's verwerkt zit. Daarmee geeft hij aan dat onverdraagzaamheid in kleine details zit.

Het thema seksualiteit komt bijvoorbeeld tot uiting in een werk als *Génie* (16), een soort lingam waaraan bij wijze van ejaculatie een vrouwentorso ontspruit die bedekt is met rozen. Dat prozaïsche beeld van rozen als sperma is overgenomen uit een gedicht van Jean Genet (1910–1986). *Le Baiser* (18) verwijst behalve naar de wereldberoemde *Le Baiser* van beeldhouwer Constantin Brancusi (1876–1957) ook naar Rodin, Henry Moore (1898–1986) en Didier Vermeiren (1951). Die kunstenaars besteedden, net als Creten, allemaal veel aandacht aan de sokkels die ze gebruikten, zoals het integreren ervan binnen de sculptuur. In *Le Baiser* brengt Creten naar eigen zeggen de 'politiek' terug in de discussie over de sokkel door middel van een erotisch beladen onderwerp (het woord *baiser* is in onbeschaafd Frans ook heel dubbelzinnig) en visueel gezien heeft de 'dubbele sokkel' ook een enigszins shockerende uitstraling. Het homoseksuele aspect wordt minder expliciet en met iets meer humor ook aangekaart in *De Hanen - Les Coqs* (12), twee parende hanen. De titel is een woordgrap van de kunstenaar. Zoals wel meer beelden bevinden deze zich op het randje van de vulgariteit. Het is echter hun fraaie, minimalistische uitvoering die ze daarvandaan houdt.

De *Metamorphosen* van Ovidius (47 v.Chr. – 17 n.Chr.) is behalve een van de belangrijkste geschriften uit de Latijnse letterkunde ook een van de invloedrijkste teksten in de beeldende kunst geweest. Het is een lange reeks verhalen over de meest wonderbaarlijke gedaanteverwisselingen met 'niets blijft en niets vergaat' als grondgedachte. Dergelijke transformaties treffen we geregeld aan in het werk van Creten. Verrassend veranderlijk en fluïde zijn sommige van zijn beelden waarin dierlijke en menselijke vormen in elkaar overgaan. Voorbeelden daarvan zijn de aan elkaar gerelateerde werken *Le Nez - The Nose* (38) en *Fatigue* (36), waarin de beschouwer visueel op het verkeerde been wordt gezet en in het ongewisse blijft over wat er nu precies te zien is: een uil of een mens? Ook *The Vivisector* (37), vernoemd naar de gelijknamige roman van Patrick White (1912–1990), behoort daar formeel toe. Dieren met menselijke eigenschappen kennen we uit fabels, beknopte verhaaltjes met een moraal die bij ons grote bekendheid genieten door het werk van Jean de La Fontaine (1621–1695).

Ook in het bakproces van keramiek ligt een transformatie besloten. Nadat het glazuur is opgebracht en de sculptuur voor bepaalde tijd de oven in gaat, is het afwachten hoe het object eruit komt. Pas als de deur open gaat, toont het beeld zijn ware gezicht.

Als symbolische bron waaruit al het leven op aarde ontstond, bezit de zee een metafysische kracht. Ze vormt voor Creten zowel de spiegel van de eindigheid als van de oneindigheid. Een kunstenaar als Courbet (1819–1877) vereeuwigde de zee met brede verfstreken en een paletmes en noemde die werken *paysage de mer* (zeelandschap). Ook daarin ligt een dubbelzinnigheid besloten. Als aandrager van sediment, klei en zand, levert de zee een rechtstreekse verbinding met het werk van Creten. Op de scheidslijn tussen land en water concentreerde zich in zijn werk de al eerder genoemde Bernard Palissy. Voor zijn in reliëf uitgevoerde decoraties van schalen en plateaus maakte hij afgietsels van echte dieren en planten, soorten die zich voornamelijk in het overgangsgebied tussen het land en zoet of zout water ophouden. Cretens *Grande Vague pour Palissy* (25) toont ons ondefinieerbare vormen die nog vloeiend of zojuist gestold zouden kunnen zijn.

Ook de serie *Odore di Femmina* (29, 39), waarmee Creten grote bekendheid verwierf, houdt verband met de zee. De vrouwentorso's, die bij het publiek op grote waardering

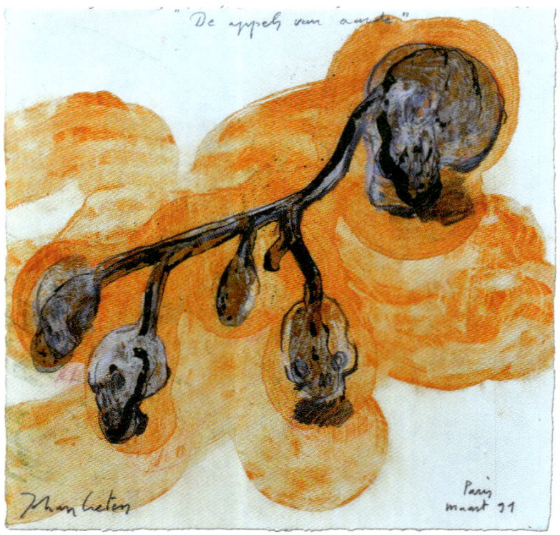
(afb. 9)

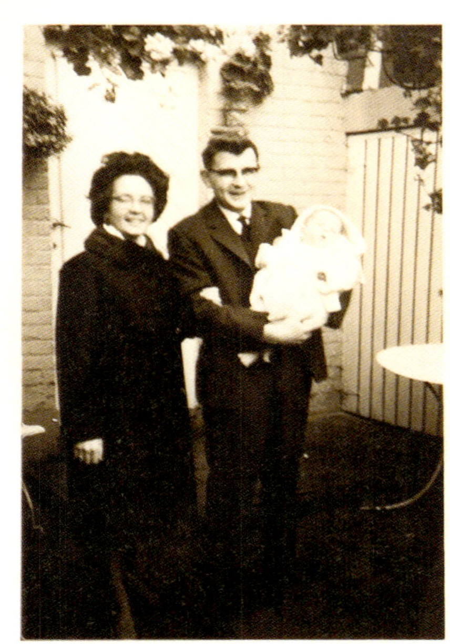
(afb. 10)

kunnen rekenen, zijn volledig bedekt met bloemen, die Creten met geoefende hand zelf in elkaar vouwt. De titel is afkomstig uit Mozarts opera *Don Giovanni*: 'Op een bepaald moment als hij alleen is, snuift hij plots en zegt 'Odore di Femmina'' — het gaat niet over parfum — het is veel complexer dan geur — het is ook bloed. Het is ook menstruatie. Het is ook verleiding, maar ook verval. Het is geboorte, maar het is ook veel andere dingen.'[13] Voor Creten straalt een vrouwentorso schoonheid en tegelijkertijd gevaar uit. In werkelijkheid zijn de ogenschijnlijk fragiele, verleidelijk gemodelleerde bloemen inderdaad vlijmscherp. Ze lijken qua vorm een beetje op mosselschelpen, waardoor ook een vergelijking met het vrouwelijk geslachtsorgaan wordt gemaakt. Het Franse woord voor zee is *la mer* en dat voor moeder *la mère*, ook daar zit een verbinding.

Ook een werk als *La Femmina* (17) houdt daarmee verband. Het is een werk dat gedeeltelijk is ontstaan uit een performance die Creten tijdens zijn verblijf aan de Rijksakademie samen met kunstcritica Anna Tilroe uitvoerde. Het daarbij gebruikte fragment werd in de oven gebakken en boven op een 'zuil' in de vorm van een vrouwenbekken geplaatst. Voor Creten zit daar nog het woordspel 'mossel' en 'mal' aan vast, in de Franse taal beide *moule* genoemd. Dat is een hint naar het werk van de Belgische kunstenaar Marcel Broodthaers (1924–1976), die met dezelfde woordspeling bezig was.

De grote bronzen sculptuur *The Price of Freedom* (1) bevat een waarschuwing tegen verschuivingen in symboliek. Ze stelt een adelaar voor, van oudsher een symbool van macht zoals de Romeinen, Napoleon en Nazi-Duitsland dat gebruikten. In Amerikaanse legenden daarentegen staat de adelaar voor vrijheid en kracht. De kunstenaar herinnert eraan dat een symbool van wijsheid kan verworden tot een betekenisdrager voor dictatoriale ideologieën.

Het werk *Pliny's Sorrow* (6) bezit ook die dubbelzinnigheid. Het is een soort hybride vogel, half adelaar half aalscholver, van maar liefst 4,50 meter hoog met gespreide vleugels. Enerzijds een machtssymbool, anderzijds fragiel en tegelijk een ecologisch statement vanwege de associatie met stookolieslachtoffers. Een dergelijk beladen onderwerp moest volgens Creten in brons worden uitgevoerd.[14]

Couch Potatoes (7) dateert van 1997. De titel van het werk verwijst naar de populaire Engelse uitdrukking die wordt gebruikt voor personen die (te) veel televisie kijken en inactief zijn. Cretens verbeelding toont op treffende wijze de aan totale indolentie gekoppelde zwaarlijvigheid en daarmee gepaard gaande gezondheidsrisico's.

Door het burgerlijk meubilair, bestaande uit een bank en twee fauteuils op een laag podium, krijgt het het karakter van een voorstelling waarin twee aardappels in hun eigen sitcom of soapserie optreden. Vroeger vormde de aardappel als volksvoedsel een belangrijke pijler van het dagelijks leven. De desastreuze aardappelmisoogsten en hongersnoden in Ierland halverwege de negentiende eeuw zorgden ervoor dat veel Ieren emigreerden naar de Verenigde Staten. Cretens fraaie, maar grimmige tekening van wortelknollen (afb. 9) zou er bijna een illustratie van kunnen zijn.

Een van de meest bescheiden en tevens een van Cretens meest persoonlijke werken is *Plantstok* (4), een bronzen afgietsel van de 'pootstok' of het 'planthout' waarmee zijn grootvader jarenlang gaten in de grond maakte om jonge boompjes en zaailingen te poten. Het is een eenvoudig handwerktuig dat door Creten fraai werd opgewaardeerd tot kunst. Een 'objet trouvé' dat als vanzelf de sierlijke, praktische eenvoud bezit die we ook vaak in etnografische objecten aantreffen. Rechtopstaand gepresenteerd krijgt het een bijna menselijke vorm die doet denken aan de abstract gemodelleerde, marmeren votiefidolen uit de vroege Cycladische periode. Een ontroerende hommage aan jaren van noeste arbeid en liefdevolle familiebanden (afb. 10).

De *Viewpoints* (observatiepunten) (41) staan als basementen van verloren gegane klassieke zuilen verspreid door de ruimte opgesteld. Ze hebben de vorm van een bolder waaraan grote schepen aan de kade hun trossen bevestigen. De bezoekers kunnen erop gaan zitten om rustig de andere beelden te bekijken. In het Frans worden ze *bitte d'amarrage* genoemd, ook daar weer een taalkundige knipoog.

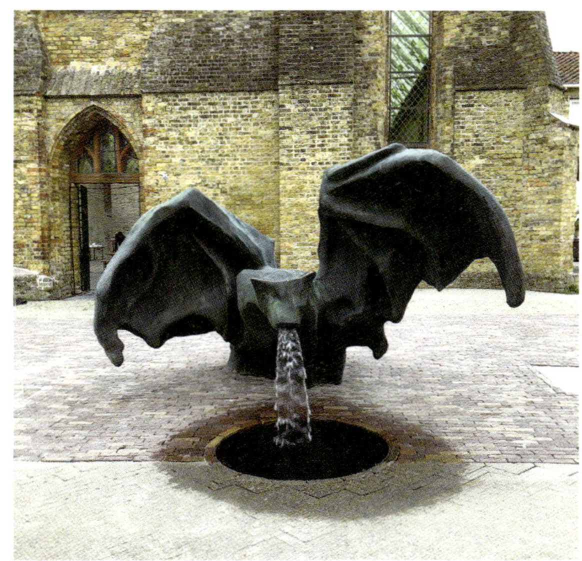

(afb. 11)

De voorstudies en het moedermodel van de imposante *De Vleermuis* (35) die Creten in het kader van 'Leeuwarden Culturele Hoofdstad 2018' (afb. 11) ontwikkelt voor de stad Bolsward, bieden zicht op Cretens werkwijze bij een opdracht. Ter voorbereiding bracht hij gedurende twee jaar diverse studiebezoeken aan de stad en zo ontstond gaandeweg een ontwerp voor het plein naast de in 1980 vrijwel geheel afgebrande Broerekerk: 'Ik ontdekte dat er bij Bolsward in het dorp Tjerkwerd heel bijzondere vleermuizen huizen. Dus begon ik te boetseren en te schetsen, waarbij ik onder meer geïnspireerd werd door de 'gargouilles' (waterspuwers) op de gotische kathedralen. Ze hebben daar een beschermende functie, schrikken de donkere krachten af. (...) De vleermuis heeft een rijke symbolische betekenis. In de Aziatische cultuur staat ze symbool voor rijkdom, voorspoed en een hoge, gelukkige ouderdom. Bij de Amerikaanse indianen staat ze voor wedergeboorte. Bij ons symboliseert de vleermuis vaak de nacht en duistere krachten en wordt ze gezien als iets griezeligs en angstaanjagends.' Om het beeld symbolisch te kunnen 'overwinnen' construeerde Creten in de rug van het dier een trap die de bezoekers kunnen bestijgen. Een attractie om mee op de foto te gaan. 'Zo krijgt de fontein, in relatie met de kerk, een helende functie.'[15]

Dat laatste is veelzeggend. Creten stuurt aan op het verkrijgen van een band met zijn sculpturen. Dat kost enige tijd. Door het van alle kanten te bekijken, te bevoelen, het geregeld te gaan opzoeken, raak je ermee vergroeid. Om ervan te kunnen genieten heb je eigenlijk niet meer nodig dan je zintuigen en als beschouwer ben je de voornaamste bron van associaties. Wat betreft de waardering van het publiek voor zijn werk zegt Creten dan ook bescheiden: 'Als ze een leuke namiddag hebben gehad, is dat al iets geweldigs. Daar ben ik helemaal niet tegen. Vinden ze mijn beelden gewoon mooi, is dat ook al iets enorms. Als mensen ontroerd worden door iets en dat niet vergeten, is dat nog mooier. Als mensen met mijn werk willen leven: nóg mooier. En als ze dat willen beschermen in de tijd, zodat het binnen enkele generaties nog altijd daar is, omdat we het voelen: dat is het hoogste.'[16]

1 Claudia Barbieri, 'Flemish Artist Carves a Niche in Clay', *The New York Times*, 8 mei, 2013.
2 Hilde van Canneyt, *Interview met Johan Creten (1963)*, Mechelen, januari 2014, http://hildevancanneyt.blogspot.nl/2014/02/interview-met-johan-creten.html.
3 Op.cit. noot i.
4 Op.cit. noot ii.
5 Idem.
6 Johan Creten, *Le Grand Vivisecteur*. Permanente installatie aan Sint-Romboutskathedraal, Mechelen, 2017, https://www.youtube.com/watch?v=2nEwCC88ajA.
7 Op.cit. noot i.
8 Brief van Vincent van Gogh aan zijn broer Theo, 1 mei 1882.
9 Op.cit. noot ii.
10 Op.cit. noot vi.
11 Sarah Weyns in dialoog met Johan Creten, 'Zwijgen is goud', in tent.cat., *De Storm*, Middelheimmuseum, Antwerpen, 2014, p. 16.
12 Clémentine Mercier en Jérémy Piette, 'Johan Creten: 'Je revendique la beauté comme lubrifiant', *Libération*, 4 februari, 2018.
13 Christopher Moore, 'Johan Creten interview', *Ran Dian*, 8 december 2014, http://www.randian-online.com/np_feature/johan-creten-interview-en-only-ready/.
14 Op.cit. noot xi, p. 14.
15 Platform Bolsward, *De Flearmûs fan 'e Broeretsjerke*, 2017. Gedeelte uit een brief van Johan Creten aan de fonteincommissie, http://www.platformbolsward.nl/nieuws/flearmus-fan-e-broeretsjerke.
16 Op.cit. noot ii.

A NICHE IN CLAY

Joost BERGMAN

'**FLEMISH ARTIST CARVES A NICHE IN CLAY**' proclaimed *The New York Times* in a 2013 headline.[1] Johan Creten had succeeded in taking ceramics out of the artisanal sphere, thereby earning the distinction of being placed at the forefront of contemporary art by the newspaper's critic. This is a development that has been long in the making. Indeed, as long ago as the eighties Creten started using ceramics in a highly original fashion, producing works with a conceptual base that has meanwhile also inspired a younger generation of artists. To him, clay is no longer the stepchild but, rather, a serious material with endless new artistic possibilities. Nor is it his only medium. He also uses other techniques and materials. Referring to artists such as Philip Guston (1913–1980) and Sigmar Polke (1941–2010) he said: 'I am free. I can tell my story in many different ways. Sometimes very figurative and narrative, sometimes abstract, or sometimes a monumental piece with next to it a jewel or a costume for a theatrical production'. Creten has more than one string to his bow; there is no such thing as a typical 'Creten sculpture'. Notions like 'postmodern' or 'eclectic' do not adequately describe his work, either; it is too diverse for that, and often also too personal.[2]

Creten studied painting at the Koninklijke Academie voor Schone Kunsten in Ghent, where he took the then rebellious decision to work with ceramics. He went on to study sculpture at the École nationale supérieure des beaux-arts in Paris. In 1991 he became a resident at the Rijksakademie in Amsterdam. After that, he lived like an artistic nomad, mostly as an artist in residence. 'I wanted to be free, and I couldn't do that in Belgium, so I travelled from one experience or possibility to the next. I stayed in each place a minimum three months, a maximum three years. Each time I would work with the local clay and glazes that I found. Each time this would add something to my knowledge, and also to my story.'[3]

From 1996–1997 he worked at the Villa Medici as a laureate of the French Prix de Rome. In 1997 he participated in the 5th International Istanbul Biennial and in 1998 he moved to Mexico. Arizona came next, in 2000, to be followed by Oakland in 2001; in both cities he lectured at the local art academies. From 2001 to 2003, he worked in Miami by invitation. 'When I think that Robert Miller, whose gallery exhibited the works of Louise Bourgeois, Jean-Michel Basquiat, Robert Mapplethorpe, and Lucian Freud, called me up when I was living in Rome and told me, "I've seen pictures of your work here in New York; come on over and I'll give you an exhibition", to then give me a solo show in the Bass Museum in Miami years later, and when I went to his home I was shown into a room where my pieces sat right next to those by all of the previously mentioned artists as well as Jackson Pollock, Polke, and others, I can only say: "Not bad at all, Johan".'[4]

From 2004 onwards, he spent a whole three years at the world-famous French Manufacture nationale de Sèvres porcelain factory, living and working there. This led to his participation in the 2005 *Contrepoint 2* group exhibition in the Louvre, where he was the first living Belgian exhibitor. His work was shown along with that of sixteenth-century artist Bernard Palissy (1510–1590), a great contributor to the cause of ceramics who is much admired by Creten.

In addition to all of the above, Creten also participated in countless big and small solo and group exhibitions, such as *Féminin-Masculin* in the Centre Pompidou in 1995 and *De Storm* in the garden of the Middelheim Museum in Antwerp in 2014. One year later, he was part of *Vormidable: Hedendaagse Vlaamse Beeldhouwkunst* in the museum Beelden aan Zee. In 2016–2017 the CRAC (Musée régional d'art contemporain Occitanie/Pyrénées-Méditerranée) asked him for *La Traversée/The Crossing* which brought him back to the town of Sète in the South of France, where he had stayed previously. After years of travelling the world, Creten is now based in Paris. He has been working for a long time with Galerie Perrotin, which has branches in Paris as well as New York, Shanghai, Tokyo, Seoul, and Hong Kong, and with Galerie Almine Rech in Brussels. Through it all, he has remained loyal to his first-ever gallery, Transit in Mechelen, Belgium.

His exhibitions in historical locations or in the middle of a museum collection offer him a chance to tell different stories, to show other perspectives. His first big exhibition, for

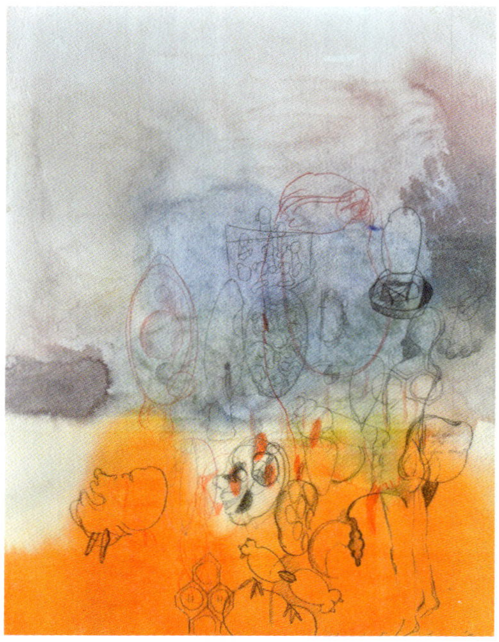

(fig.1)

instance, took place in the town of Sète in 1994 and was held in the Mediterranean Sea, on an abandoned breakwater. More specifically, an old 'lazaretto' where seafarers were kept in quarantine. 'But the projects I enjoy most are those where I can interfere in a historical space. Because a charged location allows you to tell a different story and to give the viewer a different experience.' In Istanbul he did a presentation in the magical decor of the age-old Yerebatan Cistern. The same is actually true for public projects like the one in Mechelen, because, in a way, this place too is 'sacred' to him. Although he considers France his adopted country, he is still Flemish and, as such, feels a connection with his native soil.[5]

Conversely, his work was integrated in existing museum presentations in Miami, The Wallace Collection in London and the Louvre, the Musée de la Chasse et de la Nature, and the Musée national Eugène Delacroix. Such settings make his sculptures dialogue with the objects surrounding them. It is a type of presentation closely related to his interests in various ways.

Many of Johan Creten's recent sculptures were created in close collaboration with ceramic workshop Struktuur 68 in The Hague and the aforementioned French Manufacture nationale de Sèvres porcelain factory. The craftsmanship of such institutions combines with Creten's artistry to produce artworks that are exceptionally beautifully executed and always radiate something unique.

On the subject of his role as an artist, Creten is very clear. As a designer — in this case, thinker — he compares himself to a director or architect who has to ensure that everything conforms perfectly to his artistic vision. He is also very generous in his acknowledgement of the sometimes numerous people involved in creating his sculptures. Other successful conceptual artists, such as Wim Delvoye (1965), Jeff Koons (1955), and Murakami (1962), hire permanent assistants who work in high-tech workspaces. Although *The New York Times* claims that Creten has separated ceramics from the craft sphere, he still likes to work alone, as a soloist, covering his hands in clay. This aspect of uniqueness is important to him. He devotes a lot of attention to the skin of his sculptures. Sometimes it is rough or aggressive, or covered with small details such as crystals. Other times, it is the opposite, smooth through the application of a glossy coat of glaze. During the preparation stage, he makes sketches and drawings that sometimes languish in a drawer for years (fig.1). Remarkably, his often lavish, lascivious form language is made up exclusively of what he considers the humblest of all art materials: clay. It fairly literally stands before him as the fertile soil from which rise his fascinating sculptures. As Creten himself says regarding the material's apparent contradiction: 'Clay is excremental, it's the ashes of the dead', 'At the same time it's mother earth, it links the sacred and the profane, in a brutal way, disgusting and magical at the same time.'[67]

The symbolically chosen title *Naked Roots/Naakte Wortels* refers not only specifically to the foundation of Creten's sculptures, but also to more general themes, such as origin, provenance, the place of the individual in history, and interpersonal relations. These themes return again and again in his oeuvre.

This exhibition also speaks about the roots of who we are as individuals and how we function as a community. Its theme is also linked to clay as one of Creten's most important raw materials, but clay is also more: it represents the earth, a breeding ground, and therefore, also fertility. More negative aspects, such as 'uprooted' and 'desperately clinging', are also woven into it. The Dutch title *Naakte Wortels* sounds 'rawer' than the English one, and because of that, it may point more clearly to our dark side as humans, although those 'roots of evil' are connected to vices that we would rather keep hidden. It also references mankind's vulnerability. Vincent van Gogh's (1853–1890) depiction of tree roots was meant to 'express something of the struggle of life'. This gives even more symbolic weight to the relatively recent discovery that his last work is not *Wheatfield with Crows*, as was commonly assumed for many years, but *Tree Roots* (fig.2), which he painted on the morning of his death in 1890.[8]

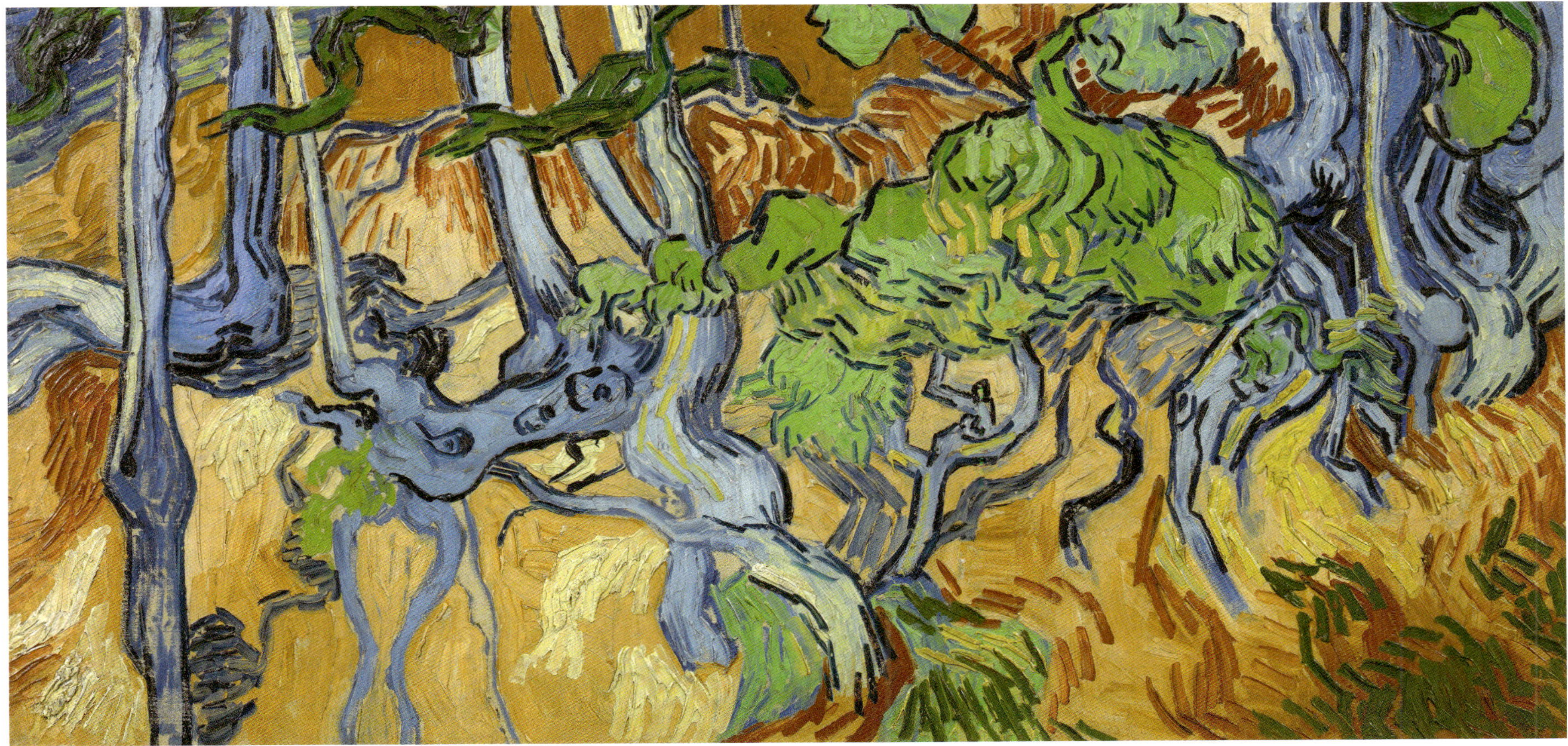

(fig. 2)

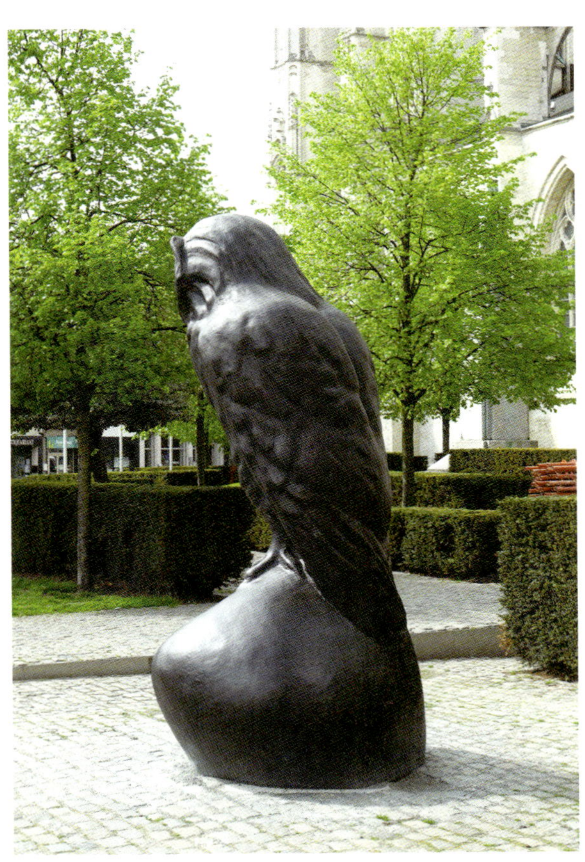

(fig. 3)

All of these facets find expression in Creten's work. Even without explicitly pointing out this connection for each of his pieces, it becomes clear that they contain many interwoven themes. Exposing them is a work of great patience. 'My work is not one thing, one concept, or one world. It is like the different layers of what goes on inside of each and every one of us. We are not just one layer. As an artist, too, you can work with many different layers at the same time.'[9]

Those curious about the origin of Johan Creten's sculptures may sometimes have to dig very deeply and push their own limits. No matter how 'accessible' most sculptures appear at first sight, behind them lies an agglomerate of (personal) associations, references, and derivations. His beautifully coloured sculptures — sometimes deliberately repulsive, sometimes seductive — are full of (ambiguous) references and 'nods', as he calls them, whose interconnections and meaning cannot be identified in an instant. Because of this, his work is not easy to gauge, not even to the initiated (who by now are familiar with his use of caricatural enlargement and choice of glamour materials). The themes that Creten addresses are often 'veiled', if only through some wordplay in their titles. Nothing is left to chance, and nothing is what it seems. The artist himself knows the various storylines, but he lets viewers make their own interpretations or look for possible provenances, so long as they lead to a 'story'.

On the occasion of the placement of the thousand-kilo bronze sculpture *Le Grand Vivisecteur* (fig. 3) at the St Rumbold's cathedral in Mechelen in 2017, Creten compared 'the secret' of a sculpture to a gift that needs to be unwrapped by the recipient or viewer themselves. He believes there is too much explaining going on in the art world. The title of a piece offers viewers a kind of key they can use if they want to go on a search, but it also simply indicates that it is a sculpture, to be looked at, to be discovered. So, 'if you allow the sculpture time to speak to you, it will slowly open up, and maybe it will gradually become an acquaintance'.[10]

Creten's sources of inspiration are inexhaustible and directly linked to his profound knowledge of art history, the impressions from his countless travels, and his numerous visits to museums and exhibitions. The foundation for all of this was laid in his birthplace Tienen when, as a child, he met an elderly couple, the Leonards. Every Wednesday afternoon, the two former antique dealers would invite him over to talk about art, history, and antique objects. These instructive visits, which continued for many years, would bring him much knowledge and instil in him a love of a wide range of objects. It is not a coincidence that his first exhibition, held in Leuven's gallery Transit in 1990, was called *L'oeil de l'antiquaire*. This well-rounded education is still embedded in his tastes and preferences.

A visit to Creten's home and workshop provides revealing insights about his fascinations and visual motives. He lives with his life partner Jean-Michel Othoniel in Paris' Le Marais neighbourhood in an apartment overlooking the garden of the Musée national Picasso. Together they have filled their rooms with art, antiques, and souvenirs from all over the world, creating a lavish interior reminiscent of the room of Cousin Pons, the collector from the eponymous novel by Honoré de Balzac (1799–1850). One immediately notices the care and taste with which the furniture and objects have been chosen and arranged. The walls are lined with stacks of auction and exhibition catalogues, sources of information among which Creten finds his way unerringly. One glance into their apartment confirms the veracity of his statement 'I am a library person and a collector.' And yet, it is not a museum. True, people do enjoy art in the apartment, but they also simply live and work there. A wide coffee table and a cabinet by the famous American designer of Japanese origin, George Nakashima (1905–1990), a large work by Gilbert & George (1943, 1942) hanging over it. A set of rare chairs based on the shape of crystals, designed by Walther Kniebe (1884–1970), a student of the founder of anthroposophy, architect and philosopher Rudolf Steiner (1861–1925). Above them, a 'Lüsterweibchen' hangs from the ceiling. The long dining table is of less outstanding quality but eminently suited for long dinners in the company of friends and acquaintances. This apartment combines practical use with beauty in a very organic way. It also features various ceramic objects by Robert Chapman Turner (1913–2005), an American ceramicist whose fascinating pieces look age-old in spite of their very contemporary design. From 1958 onwards, Turner also taught at Alfred University in New York, where Creten's interesting *Alfred Paintings* series was born in 2013. Somewhere on a wall hangs a platter brought home from Mexico. It got broken once, and someone lovingly and patiently glued it back together again. Creten values this and appreciates its beauty. Painted drapery studies by Edgar Degas (1834–1917) adorn the walls alongside a small, well-executed anonymous painting of a greyhound. Two eyes are not enough to take it all in.[11]

One cannot help but notice the renaissance and baroque bronzes that are present in every space of the apartment, even the bedroom and library, where they have to compete for a spot with the books. This is Creten's big passion. His shelves contain valuable bronzes acquired from internationally renowned auction houses but also small figures picked up in flea markets for a handful of euros. In the blink of an eye he takes a few sculptures and displays them on the table along with books and catalogues for reference. He immediately starts talking about casting quality, patina, technique, provenance, acquisition history, and attribution problems. He discusses these topics enthusiastically and at great length with an expertise that is downright impressive. At the end of our visit, Creten remarks, this time with a wink, 'I can always become an antique dealer'.

For this exhibition, Creten has selected a number of objects from his extensive collection that inspired him directly or indirectly in his own work. It shows the many different time periods and materials he is interested in, and the importance he attaches to the use of explicit texture. In this respect, his long-standing work method connects seamlessly with the recent trend among museums, art fairs, and auction houses to compose 'transhistorical' presentations centred around the influence of historical art on contemporary art.

A cast of the famous statue of Bernard Palissy (VIII) by Louis-Ernest Barrias (1841–1905) is an obvious must in such an exhibition. This imaginary portrait from around 1875 possesses all the attributes that have conferred the Huguenot Palissy a well-nigh mythical status. The artist, a tormented look on his face, is depicted next to a kiln, where he is said to have burned his furniture and wooden floor in order to attain the right temperature. The book he is holding refers to his publications. At his feet lie minerals and fossils which he encountered during his many years searching for new types of glaze. Under his arm is a platter with the for him typical decor of animals and plants in relief. Finally, his formal attire and leather apron refer to a life of hard work and his death in the Bastille as a Protestant martyr. This romantic image of the commitment-free artist whose life is totally devoted to his art emerged in the nineteenth century.

Another martyr in the collection is Saint Sebastian (II), personified by an ivory sculpture created in France or Germany somewhere around 1500. The handsome young man was shot with arrows because of his faith. His hands are tied behind his back. The holes in his body, which presumably once held little ivory arrows, are still visible. His face shows a wondrous, astonished expression you would not expect from someone who met such a gruesome fate. Ivory, once a sacred and valuable material, was often used to make religious objects. Today it is often viewed in a bad light because of poaching and illegal trafficking. Calls are now being made for a world-wide ban on all ivory trade. The downside of such rigid legislation is that dealers and collectors experience many problems handling ivory objects. This is unfortunate because, as keepers and promoters of our cultural and artistic heritage, they assume a large share of our responsibility towards future generations.

The bronze wine heater (V) from Pompeii is a souvenir of the *Grand Tour*, a trip that many wealthy young people in the eighteenth and nineteenth centuries used to make as part of their education. To come into contact with Antiquity, they would travel to Italy, Greece, Egypt, and the Middle East and admire the ancient Greco-Roman remains and art treasures. Famous writers and poets, such as Goethe (1749–1832) and Lord Byron (1788–1824) wrote wonderful travel logs in flowery language that were avidly read by the public at home. The demand for copies of these ancient artefacts gave rise to a large industry, and travellers often returned heavily laden with souvenirs.

From his work stint in Arizona, Creten brought back a Hopi Indian *rain sash* (VII): a piece of hand-woven textile that brides would wear as a fertility symbol at their weddings. The small, cotton strip is set with heavy buttons representing clouds and hanging frills that symbolise falling rain.

A Japanese Haniwa (I) terracotta head dating from the sixth century BC. It represents a male warrior with a helmet on his head. The eyes and mouth are simple cutout openings, giving the figure a masque-like character.

The graceful bronze Venus (III), goddess of beauty and love, comes from the Girolamo Campagna (1549–1625?) workshop. Although the beautifully patinated figure measures only 38 cm, it has a monumental aura about it. The goddess' hand is holding the golden apple of discord she received for winning the 'Judgment of Paris', a well-known story from Greek mythology.

This exquisite alabaster head (VI) from Yemen from the beginning of our era did not survive the passing of the centuries unscathed. In spite of the damage it has sustained, however, it shows the beauty that a fragment can possess. The Metropolitan Museum in New York has a well-known example of this: a fragment of an Egyptian sculpture, *Fragment of a Queen's Face*, from ca. 1353–1336 BC, made of yellow jasper (fig. 4). Although most of the face has disappeared, our imagination automatically fills in the missing parts. The fragment still succeeds in evoking the queen's beauty.

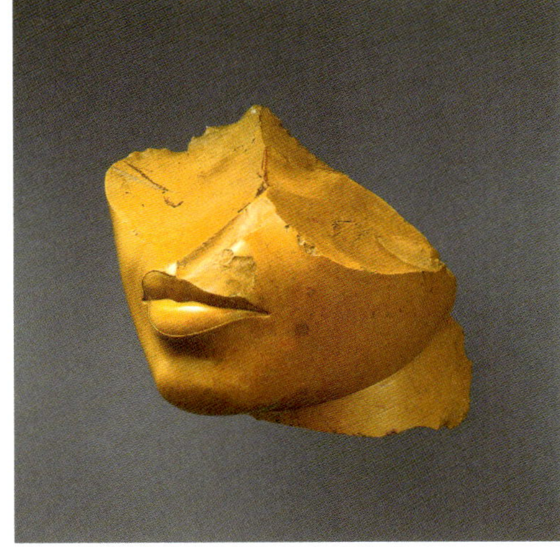

(fig. 4)

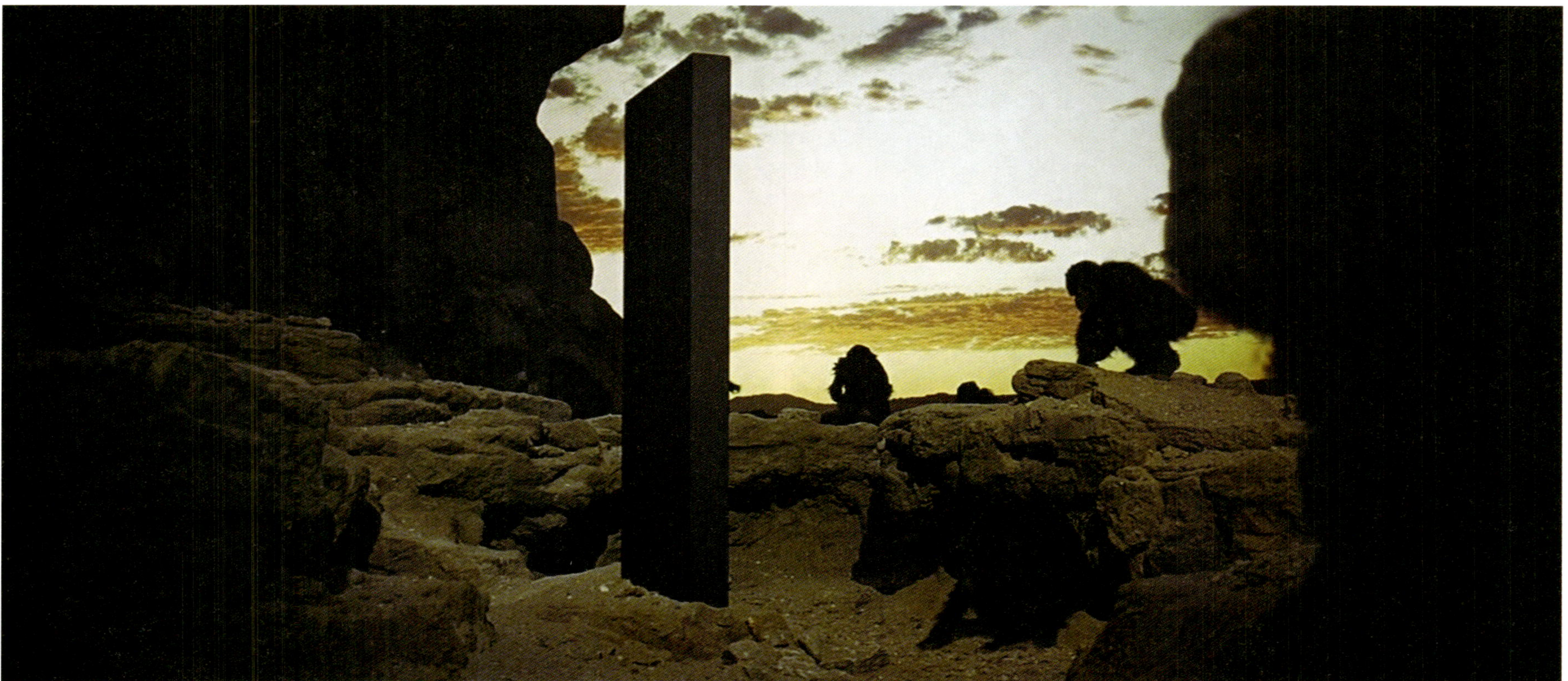

(fig. 5)

(fig. 5) Stanley Kubrick
2001: A Space Odyssey, 1968
Filmstill
(fig. 6) Joseph Beuys (1921–1986)
*Wie man dem toten Hasen die Bilder erklärt /
How to Explain Pictures to a Dead Hare*, 1965
Performance
Galerie Schmela, Düsseldorf, Germany
(fig. 7) Johan Creten
La Langue, 1986
Performance
Paris, France

When sculptor Rodin (1840–1917), another important inspiration for Creten, contemplated fragments, he did not lament what was lost but admired what was left. Consequently, his own extensive collection of antiquities contained many fragments, which he valued highly because of their sculptural and visual power.

An almost magical object is the old Inuit torso (IV) from the Bering Strait's Okvik culture, whose art centred on depicting the human figure. Measuring a mere 14 cm, the figure is carved in walrus ivory and decorated with subtly engraved geometric lines referring to tattoo patterns. Even though the head is missing, the figure still possesses a strong radiance. It may have been used in shamanic rituals.

The intrinsic, almost palpable power of such objects is reminiscent of Stanley Kubrick's 1968 film *2001: A Space Odyssey* (fig. 5), in which a mysterious black, rectangular monolith makes a sudden appearance on Earth. The primitive humanoids living there immediately recognise the object as meaningful. Creten also pursues this quality in his figures and without a doubt also experiences it in this object.

Within the privacy of these walls, the artworks spontaneously start developing connections. For example, on one of the walls hangs a drawing by American artist Raymond Pettibon (1957), known for the fascinating way in which he combines images and text. The subject of the drawing is *Saint George and the Dragon* (IX), the symbolic victory of good over evil. On the mantelpiece in the adjoining room stands a beautiful little sculpture by Francesco Fanelli (1590–1653), a lively representation of the same subject stemming from the collection of J. Pope-Hennessy, former director of the British Museum. Creten discovered that Charles I of England also had a version of this figure in his collection, which creates a connection with his son Charles II, who embarked for England from Scheveningen to ascend the English throne. Thus, in just a few steps Creten's private collection is linked through a famous royal collection to the current exhibition in the museum Beelden aan Zee.

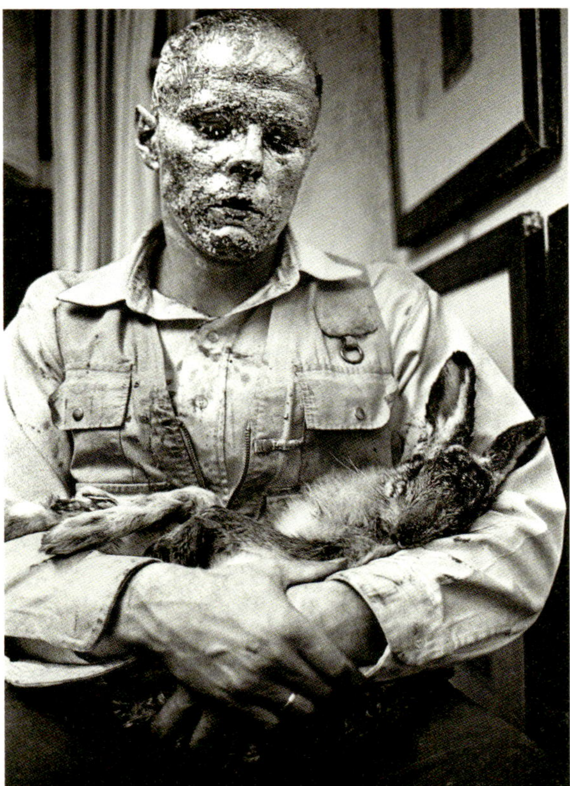
(fig. 6)

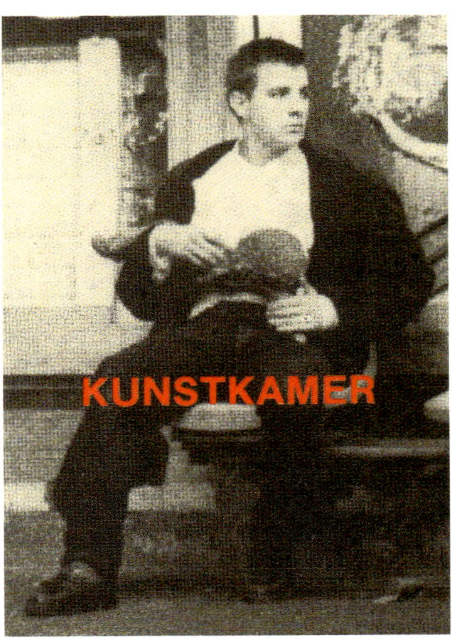

(fig. 7)

Pieces

When it comes to finding themes for his work, Creten draws endless inspiration from people and nature, but classical antiquity, art history, opera, literature, and poetry also contribute generously. These multiple layers of content can be further expanded with more recent, socially charged topics, such as politics, racism, power relations, and sexuality. Figures are almost never unambiguous; several topics are always simultaneously at play. When interviewed, Creten points out that viewers of his work are free to interpret it as they please, but in the same interviews he regularly lifts a tip of the veil as to a specific piece's interpretation or background. He never reveals all, however, always leaving room for viewers to develop their own meanings and adopt their own angles of approach.

La Langue (8) (the French word for language and tongue) belongs, together with *Présentoir d'Orange* (2), to Creten's early oeuvre. Creten used it in a 1986 performance to refer to the famous 1965 'Aktion' by Joseph Beuys (1921–1986) called *Wie man dem toten Hasen die Bilder erklärt/How to Explain Pictures to a Dead Hare*, which saw Beuys, his face covered with gold, walking around in a closed gallery space holding a dead hare in his arms (fig. 6). Creten, in turn, would take an oddly shaped piece of ceramics and carry it through the Paris metro and the Quartier Pigalle, the red-light district, asking people what they saw in his work (fig. 7). This produced many reactions, which Creten used to show that his figures do not absolutely require an explanation in order to communicate. Creten on how Joseph Beuys inspired him: 'I was convinced there was so much more you can tell with this matter (ceramics) to create complex political, social work.' Somewhat along these same lines he held an exhibition in 1988 called *Kunstkamer* in the gallery of Anthony Meyer, a Parisian merchant specialised in tribal art from Oceania and in Eskimo art. The title and location of the exhibition sprang from his conviction that objects can be shown beyond the context of a museum without losing any of their meaning or expressiveness. In so doing he broke the dominance of the white cube as an exhibition space, a concept he borrowed and adapted from Jan Hoet's (1936–2014) controversial 1986 Ghent exhibition *Chambres d'Amis*, which saw the objects being displayed, not within the walls of the museum, but inside people's homes. At the time, Creten was one of the attendants monitoring a space, in this case American conceptual artist Robin Winters' (1950) work, which was an 'invisible artwork'.[12]

The lavishly golden *Big Glory-La Trinité* (27) has a political and religious theme but presents itself in the first instance as an enlarged jewel on the wall. A bit like a brooch, the way Creten likes to wear them on the lapels of his jackets. Maybe because of that, it reminds us of the work of Benvenuto Cellini (1500–1571), the goldsmith and sculptor who gained great prestige and fame as a *homo universalis*. The figure's shape is reminiscent of the brittle skeletons of sea urchins that can be found on beaches. Associations with other sea animals also spring to mind. Creten himself makes reference to the stained-glass window behind the altar through which sunlight enters catholic churches. This also explains the Holy Trinity mentioned in the title.

The three pieces Glory-*OKVIK I, II,* and *III* (13, 14, 15) are brand new and only recently came out of Struktuur 68's kiln. Their oval shape is reminiscent of the Medici family's coat of arms, which is not only omnipresent on Florence's facades but can also be seen in streets all over Italy as a symbol of their power. Creten took the six balls (*palle* in Italian) and carefully incorporated them in his work as if they were pearls, adding lines similar to those on the previously mentioned Inuit torso from his collection. You could also relate them to nature and compare them to beetles' wing covers and their symmetrical spot patterns.

Why does Strange Fruit always look so Sweet? (40) addresses, among other topics, a personal experience of Creten's and racial equality. While at the Fondatione Artesanarte in Mexico, Creten would work in the desert for weeks until he finally became totally exhausted. One day, lying in bed with fever, he had a hallucination. Looking at a date palm in the garden, he saw sweet dates falling from it, and his mind associated them

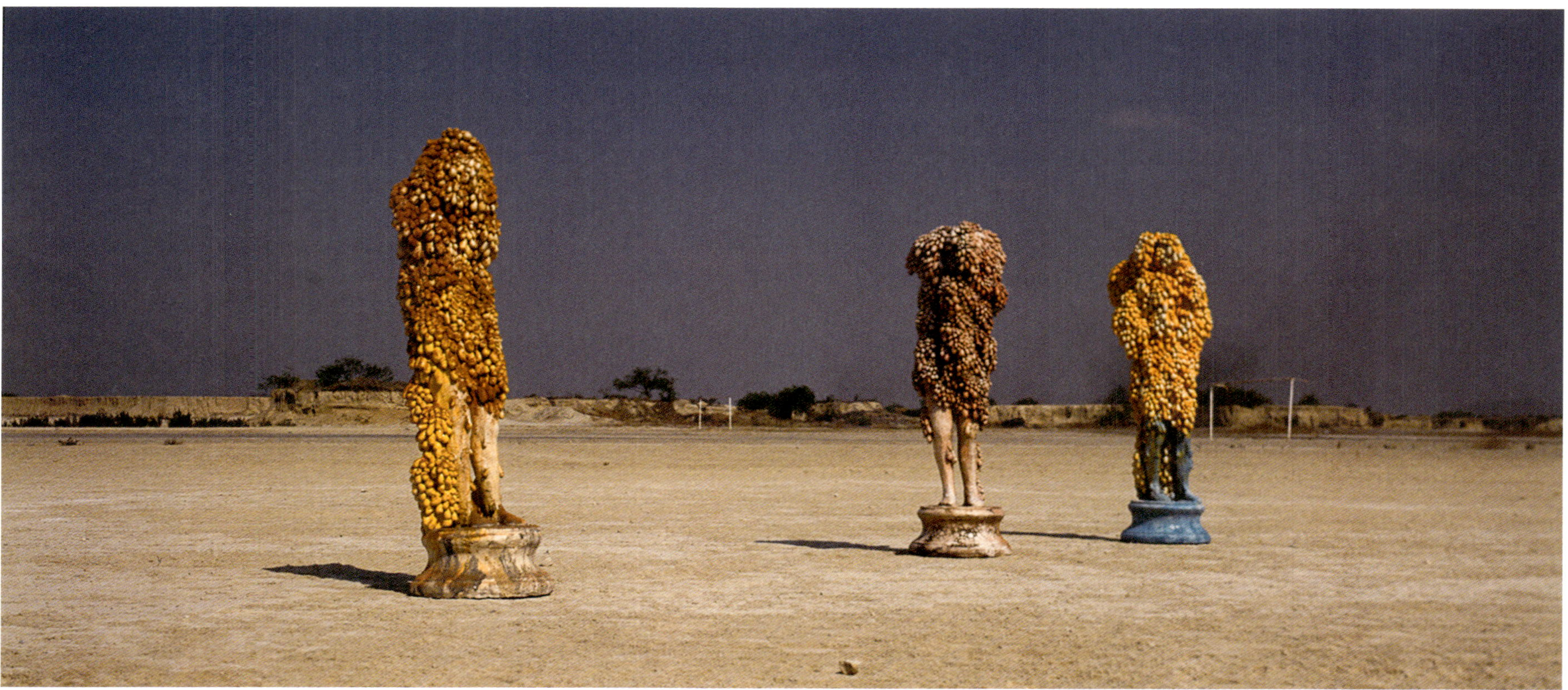

(fig.8)

with the swollen glands in his neck. Creten worked the typical drupe clusters into his sculpture, of which he made three different versions at the time (fig.8). In the coming years, monumental as well as miniature versions would follow. The title refers to a song by Billie Holiday (1915–1959), a denunciation of American racism, which expressed itself in the southern states in the lynching of African-Americans. The title's question, however, remains: why does the unknown always have to be so tempting?

Creten's social commitment also expresses itself in a piece such as *The Gate* (10), a photo collage of an intervention Creten did in a public space and in which he took a stand against exclusion. A town council in the south of France had installed a narrow, low gate at the entrance of a carpark to prevent gypsy carriages from entering for the night. Creten blocked the gate with a wall of swastika-motif bricks. It was his way of showing that intolerance is in the small details.

The theme of sexuality is expressed in a piece like *Génie* (16), which has a rose-covered female torso springing ejaculation-like from a lingam. The prosaic idea of roses representing sperm was borrowed from a poem by Jean Genet (1910–1986). *Le Baiser* (18) makes reference to the world-famous *Le Baiser* by sculptor Constantin Brancusi (1876–1957), but also to Rodin, Henry Moore (1898–1986), and Didier Vermeiren (1951). Like Creten, all of them paid a lot of attention to their sculptures' bases, including how to integrate them into their pieces. In *Le Baiser*, Creten by his own admission brought 'politics' back into the discussion about bases by choosing an erotically-laden subject (the word *baiser* is very ambiguous in uncivilised French), and visually the 'double base' also has a somewhat shocking effect. The topic of homosexuality is dealt with in a less explicit and more humorous way in *De Hanen-Les Coqs* (12), two mating roosters. The work's title is a play on words by the artist. Like other figures, it balances on the edge of vulgarity, its refined execution keeping it on this side of decency.

Ovid's *Metamorphoses* (47 BC–17 AD) is not only one of the most important works in Latin literature but also one of the most influential texts in the visual arts. It is a long list of stories about the most amazing transformations, with the core idea being 'nothing persists and nothing perishes'. Such transformations are regularly found in Creten's oeuvre. In some of his figures animal and human shapes merge into one another with surprising ease and fluidity. For example, the interrelated *Le Nez-The Nose* (38) and *Fatigue* (36), which throw viewers off balance visually, leaving them wondering what exactly it is they are seeing: an owl or a human being? *The Vivisector* (37), too, named after the eponymous novel by Patrick White (1912–1990), formally belongs to this genre. Animals with human characteristics come to us in fables, concise stories with a moral that are well known to us thanks to Jean de La Fontaine (1621–1695).

The process of firing ceramics also contains an element of transformation. Glazing is applied, the sculpture is put into the kiln for a certain length of time, and then the wait is on. Only when the door opens does the figure reveal its true face.

As the symbolic source of all life on earth, the sea possesses a metaphysical power. To Creten, it is the mirror of both finiteness and infinity. French artist Gustave Courbet (1819–1877) immortalised the sea with broad brushstrokes and a palette knife, calling these paintings *paysage de mer* (sea landscape). Herein, too, lies an ambiguity. As the bringer of sediments, sand, and clay, the sea connects directly with Creten's work. The previously mentioned Bernard Palissy focused on the dividing line between water and land. His decorations in relief on platters and trays were based on casts he made of real animals and plants, species inhabiting the area of transition between land, on the one hand, and fresh or seawater, on the other. Creten's *Grande Vague pour Palissy* (25) shows us undefinable forms that could be either still flowing or just solidified.

The *Odore di Femmina* series (29, 39), which brought Creten great renown, is also connected with the sea. Its women's torsos, which are very well received by the public, are completely covered in flowers folded by Creten's own practised hands. The title comes from Mozart's opera *Don Giovanni*: 'At a point when he is alone, he suddenly sniffs and says "Odore di Femmina" — which is not the perfume — much more complex than the aroma — it is the scent. It's also blood. It's also menstruation. It's also seduction, but it's also decay. It's birth, but it's also lots of other things.' To Creten, the female torso radiates both beauty and danger. Indeed, the seemingly fragile, seductively modelled flowers are, in fact, razor sharp. Their shape resembles that of mussel shells; a reference to the female sex organ. The French word for sea is *la mer* and for mother *la mère*; another connection.[13]

The piece *La Femmina* (17) is also connected with this. It is partly rooted in a performance Creten gave together with art critic Anna Tilroe during his stay at the Rijksakademie. The fragment they used was first kiln-fired and then placed on top of a 'column' shaped like a woman's lower body. Here, again, Creten sees a play on words, namely between mussel and mould, which are both called *moule* in French. A tip of the hat to Belgian artist Marcel Broodthaers (1924–1976), who worked with the same play on words.

The big bronze sculpture *The Price of Freedom* (1) contains a warning about shifts in symbolism. It represents an eagle, traditionally used as a symbol of power by the Romans, Napoleon, and Nazi Germany. American legends, however, use it to represent freedom and strength. The artist reminds viewers that a symbol of wisdom can come to have very different meanings in dictatorial ideologies.

Pliny's Sorrow (6) possesses that same ambiguity. It is a sort of hybrid bird, half eagle, half cormorant, no less than 4.5 metres tall, its wings spread wide. On the one hand, a symbol of power, but fragile and, at the same time, an ecological statement because of its association with oil spills. Creten felt such a charged subject had to be executed in bronze.[14]

Couch Potatoes (7) dates to 1997. Its title refers to the popular English term used for people that watch (too) much television and lead inactive lives. Creten's imagination strikingly shows the type of obesity that is linked to total indolence and the health risks that accompany it.

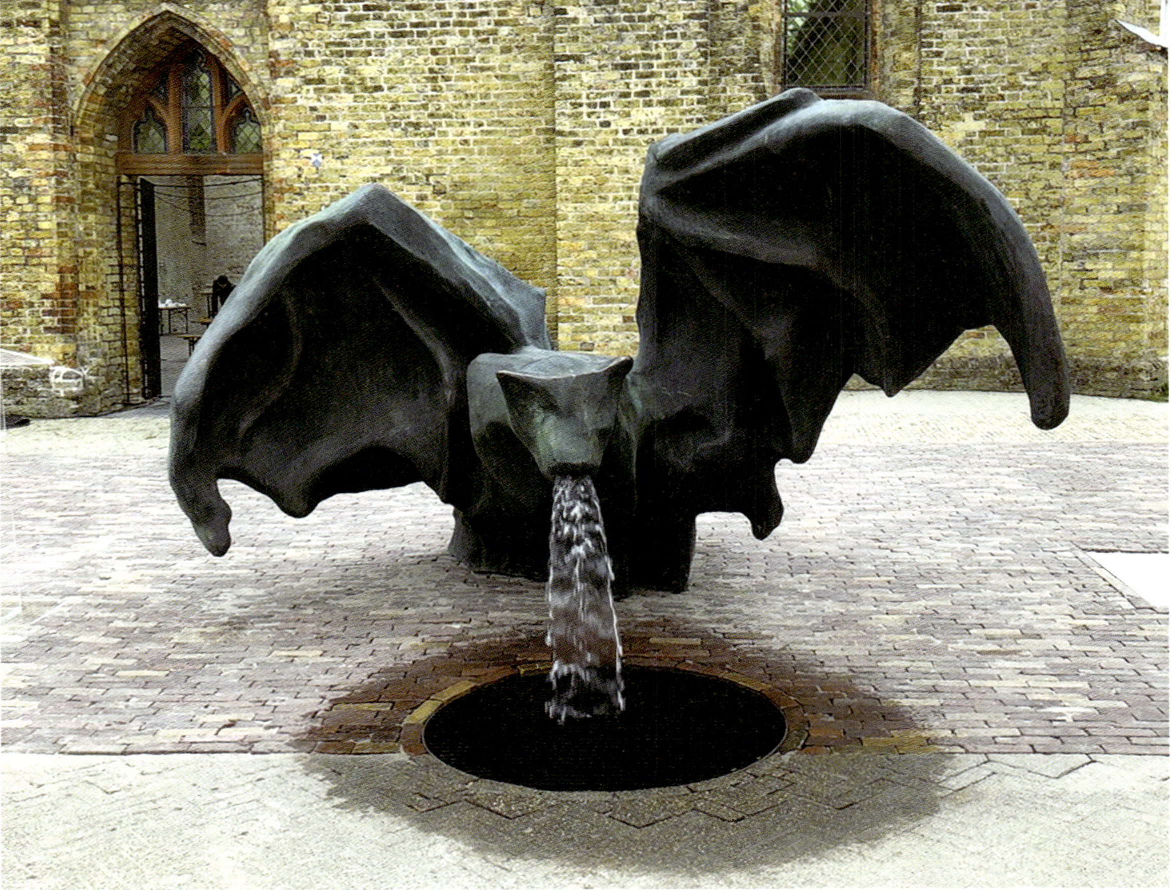

(fig. 11)

Because of the bourgeois furniture — a sofa and two armchairs on a low stage — the composition feels like a show in which the two potatoes are actors in their own sitcom or soap opera. Potatoes used to be a staple food, an important part of ordinary people's everyday lives. The disastrous Irish potato-crop failures and ensuing famines around the mid nineteenth century caused many Irish people to emigrate to the United States. Creten's beautiful but grim tubers (fig. 9) could almost be an illustration of this.

One of Creten's most humble and, at the same time, most personal pieces is *Plantstok* (4), a bronze cast of the planter his grandfather used for so many years to make holes in the ground and plant young trees and seedlings. It is a simple tool that Creten beautifully upgraded to a work of art. An *objet trouvé* that naturally possesses the elegant, practical simplicity also often found in ethnographic objects. Presented upright, it almost takes on a human form reminiscent of the abstractly modelled marble votive idols from the early Cycladic period. A touching homage to years of hard work and loving family ties (fig. 10).

The *Viewpoints* (41) are distributed throughout the space like bases of long-lost classical columns. They are shaped like the bollards on waterfronts that are used for securing ships' mooring lines. Visitors can sit on them and relax while they look at the other figures. Bollards sometimes come in pairs, and then they are called 'bitts'. The French term for a bollard is *bitte d'amarrage*: another linguistic wink.

The preliminary studies and mother model of the impressive *De Vleermuis* (35) that Creten is developing for the city of Bolsward (fig. 11) in the context of 'Leeuwarden Culturele Hoofdstad 2018' reveal his work method. By way of preparation, he first paid several study visits to the city over the course of two years. Gradually, his mind developed a design for the square adjoining the Broerekerk church, which was almost totally destroyed by fire in 1980: 'I discovered that the village of Tjerkwerd near Bolsward is home to some very special bats. So I started sculpting and sketching, inspired in part by the gargoyles on gothic cathedrals. These have a protective function, warding off dark

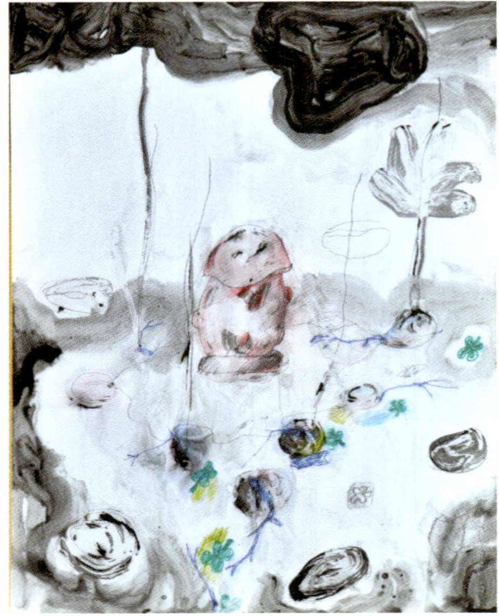

(fig. 9)

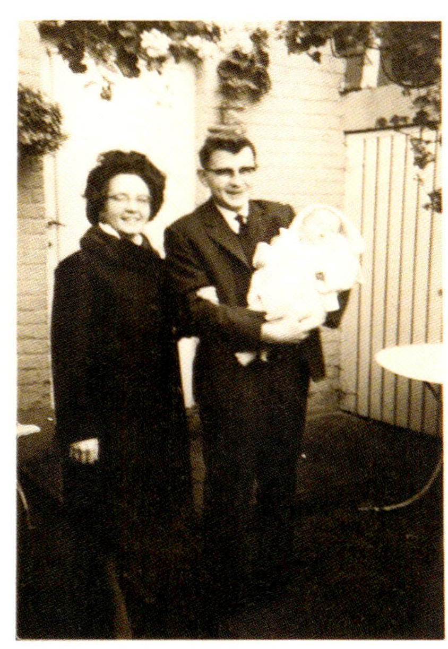

(fig. 10)

forces. (…) Bats have a lot of symbolic meaning. In Asian culture they symbolise wealth, prosperity, and a long, happy life. To Native Americans, they represent rebirth. We often see them as representing the night and sinister forces, and we consider them creepy and scary.' To make it possible to symbolically 'vanquish' the statue, Creten constructed a stair in the animal's back that visitors can climb. A nice attraction to have your picture taken with. 'This gives the fountain a healing function in relation to the church.'[15]

This last statement is very significant. Creten strives to connect with his sculptures. This requires some time. By looking at them from all sides, touching them, visiting them regularly, he becomes one with them. To be able to enjoy them, you really don't need much more than your senses, and you yourself, as the viewer, are the main source of associations. Regarding people's appreciation of his work, Creten humbly says: 'If they just spend a nice afternoon, I already consider that great. I'm not against that at all. If people simply like my sculptures, that's wonderful. If they are touched by something and remember it, that's fantastic. If they want to live with my work, that's even more fantastic. And if they want to protect my work in time so that it is still here a few generations from now… that's the greatest thing possible.'[16]

1 Claudia Barbieri, 'Flemish Artist Carves a Niche in Clay', *The New York Times*, 8 May 2013.
2 Hilde van Canneyt, *Interview with Johan Creten (1963)*, Mechelen, January 2014, http://hildevancanneyt.b ogspot.nl/2014/02/interview-met-johan-creten.html.
3 Op. cit. note i.
4 Op. cit. note ii.
5 Idem.
6 Johan Creten, *Le Grand Vivisecteur. Permanent installation at the Saint Rumbold cathedral in Mechelen*, 2017, https://www.youtube.com/watch?v=2nEwCC88ajA.
7 Op. cit. note i.
8 Letter by Vincent van Gogh to his brother Theo, 1 May 1882.
9 Op. cit. note ii.
10 Op. cit. note vi.
11 Sarah Weyns in dialogue with Johan Creten, 'Zwijgen is goud', in tent.cat., De Storm, Middelheim Museum, Antwerp, 2014, p. 16.
12 Clémentine Mercier and Jérémy Piette, 'Johan Creten: 'Je revendique la beauté comme lubrifiant', *Libération*, 4 February 2018.
13 Christopher Moore, 'Johan Creten interview', *Ran Dian*, 8 December 2014, http://www.randian-online.com/np_feature/johan-creten-interview-en-only-ready/.
14 Op. cit. note xi, p. 14.
15 Platform Bolsward, *De Flearmûs fan 'e Broeretsjerke*, 2017. Excerpt from a letter by Johan Creten to the fountain commission, http://www.platformbolsward.nl/nieuws/flearmus-fan-e-broeretsjerke.
16 Op. cit. note ii.

JOHAN CRETEN

NAKED ROOTS/ NAAKTE WORTELS

MUSEUM BEELDEN AAN ZEE — DEN HAAG

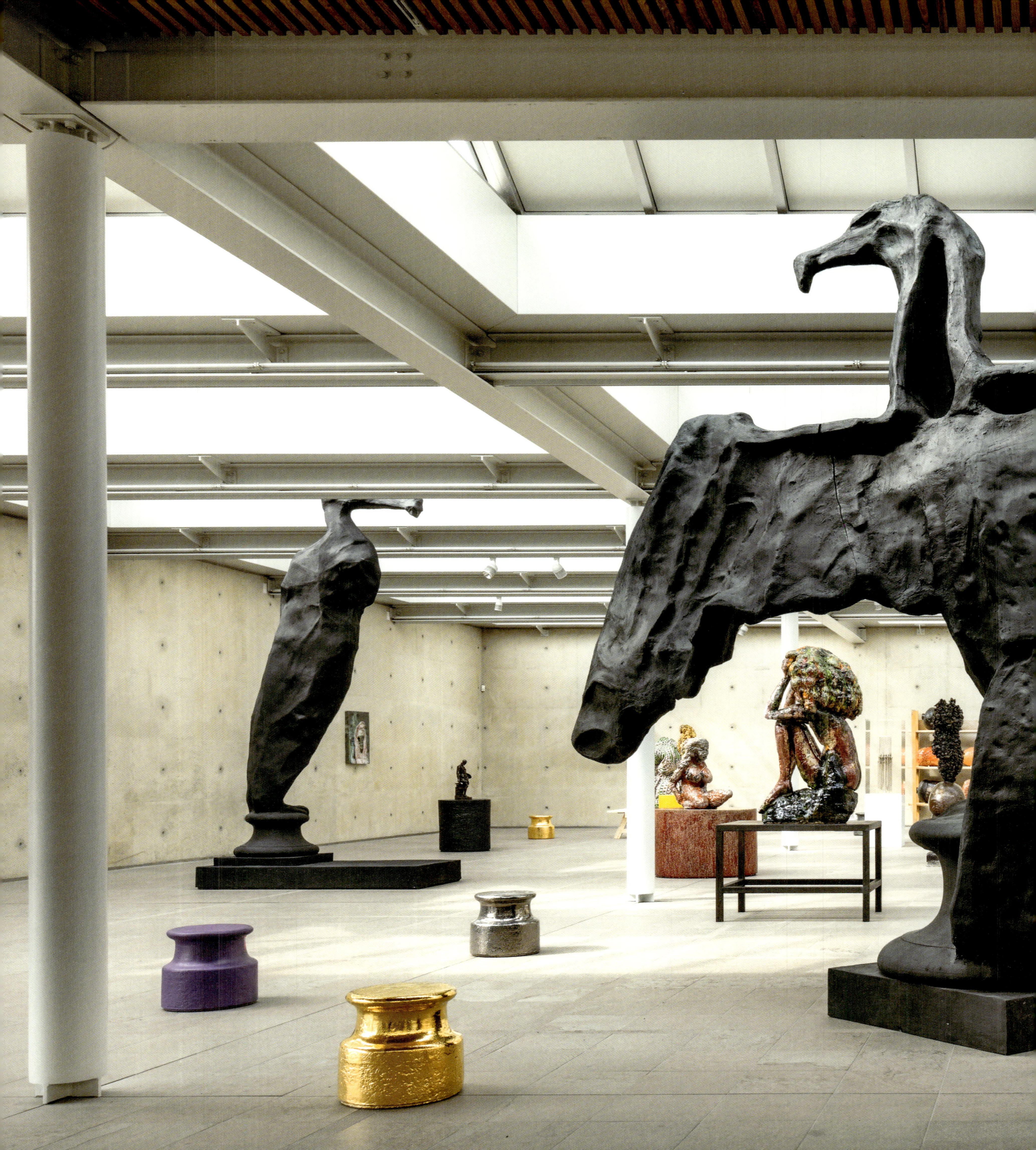

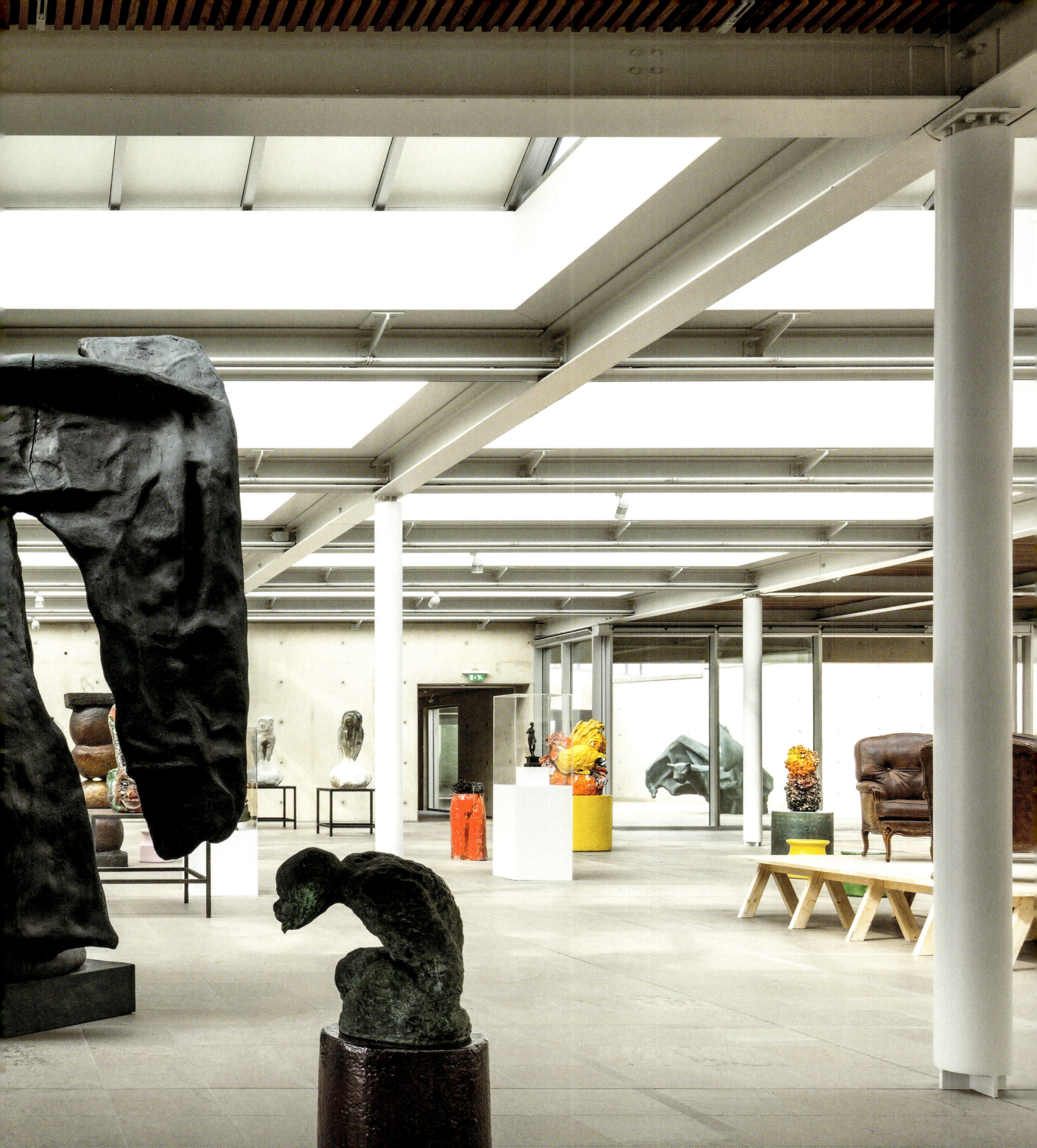

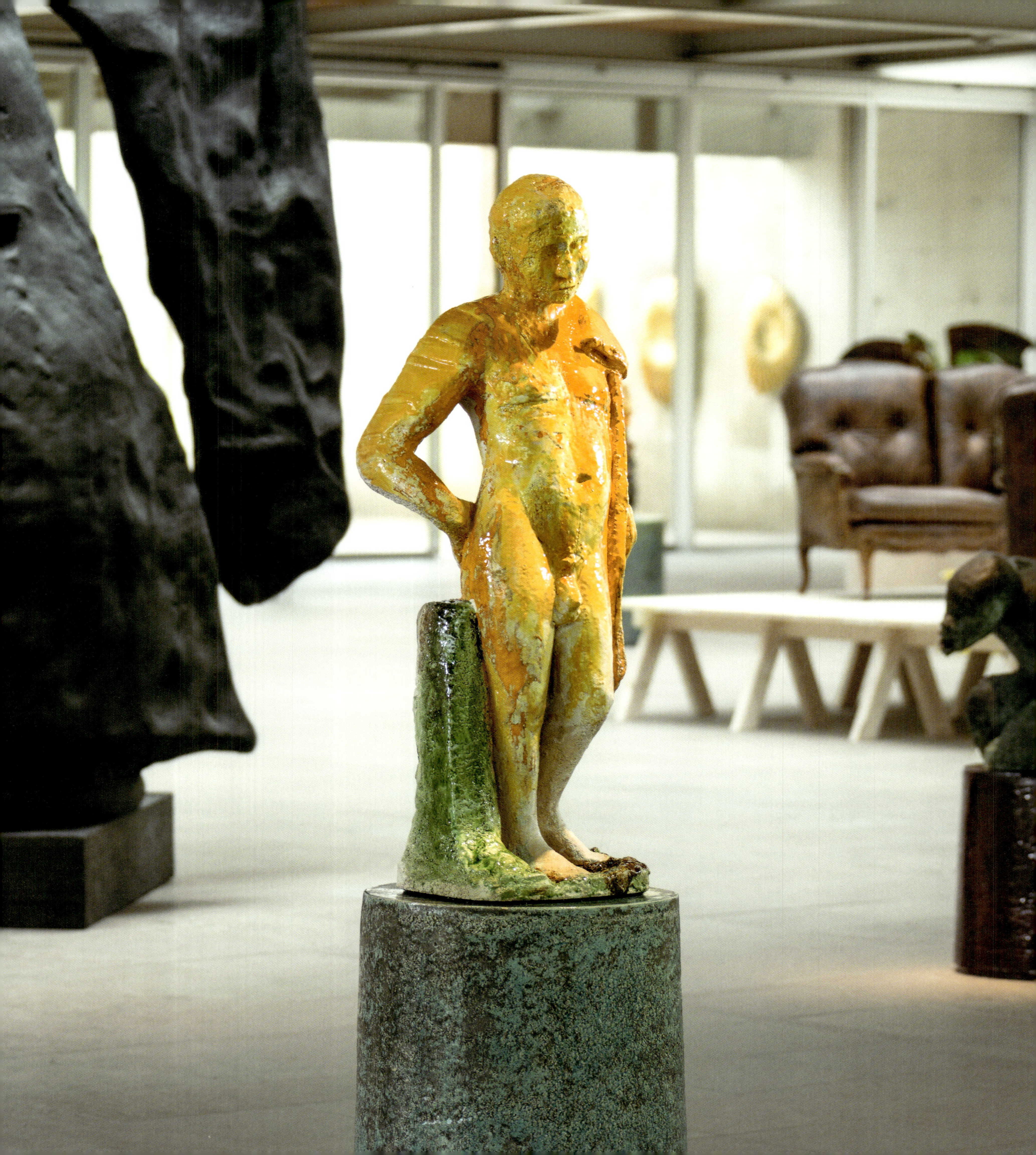

PP. 36–37: 6 — **PLINY'S SORROW** (2011)

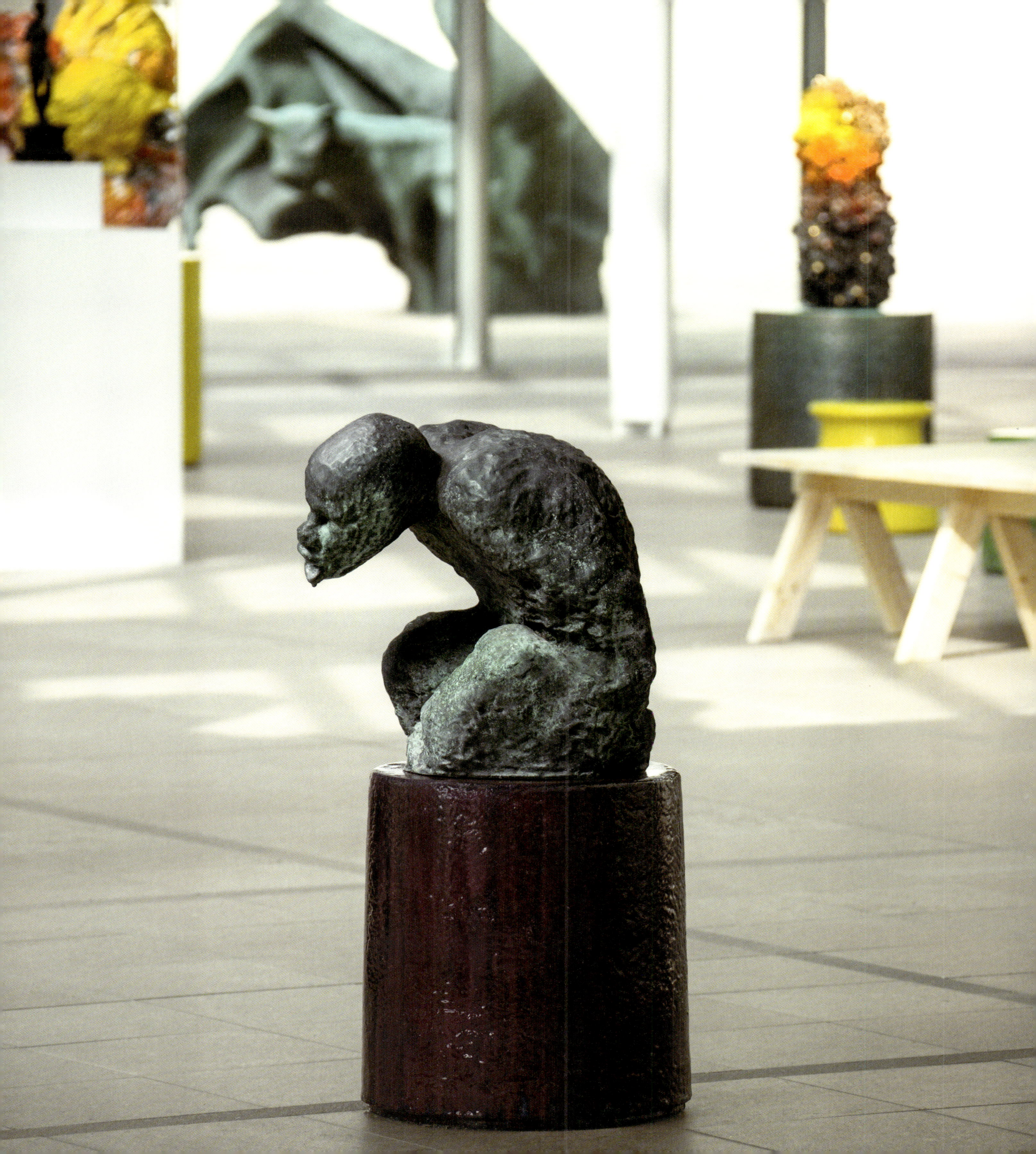

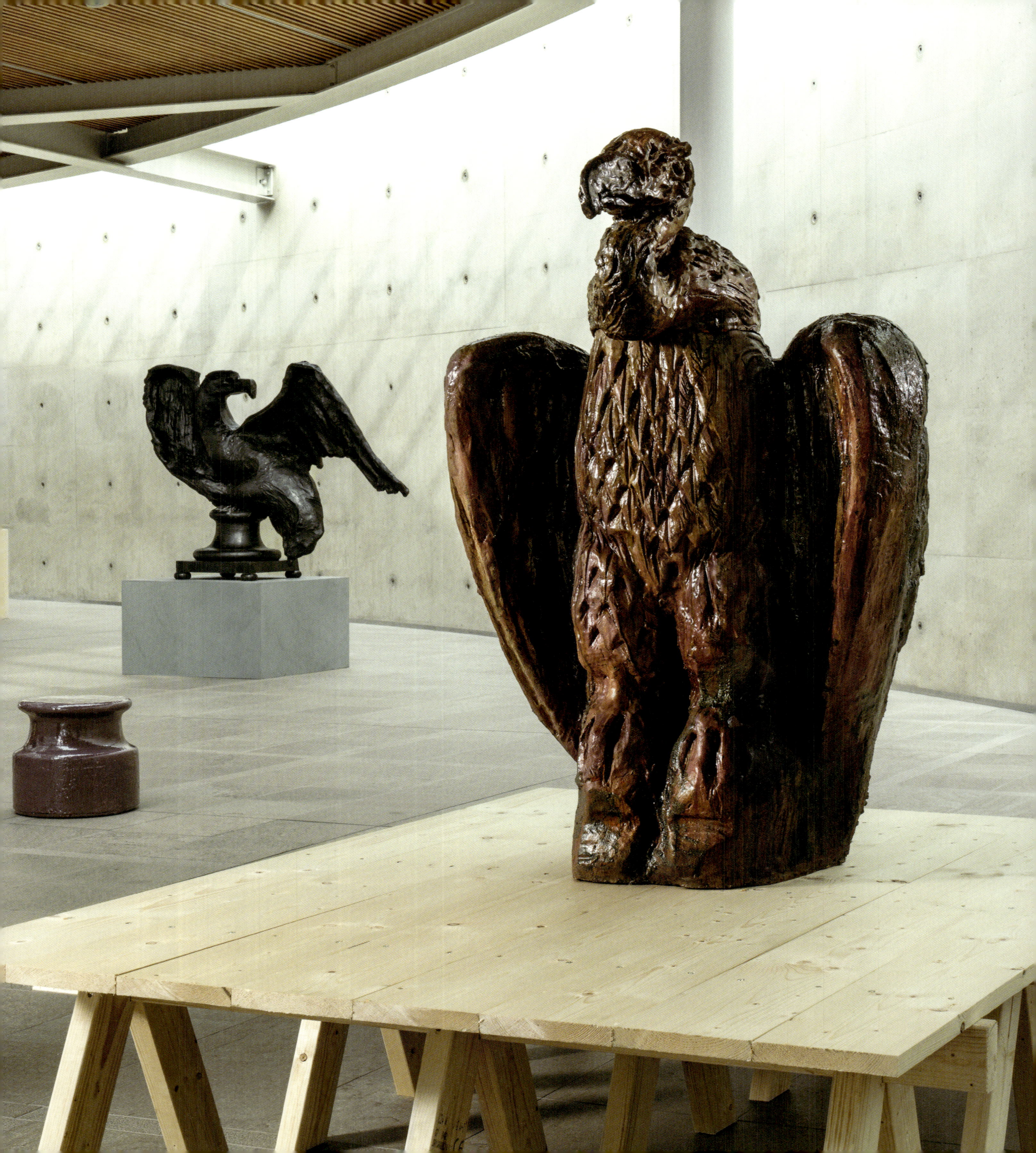

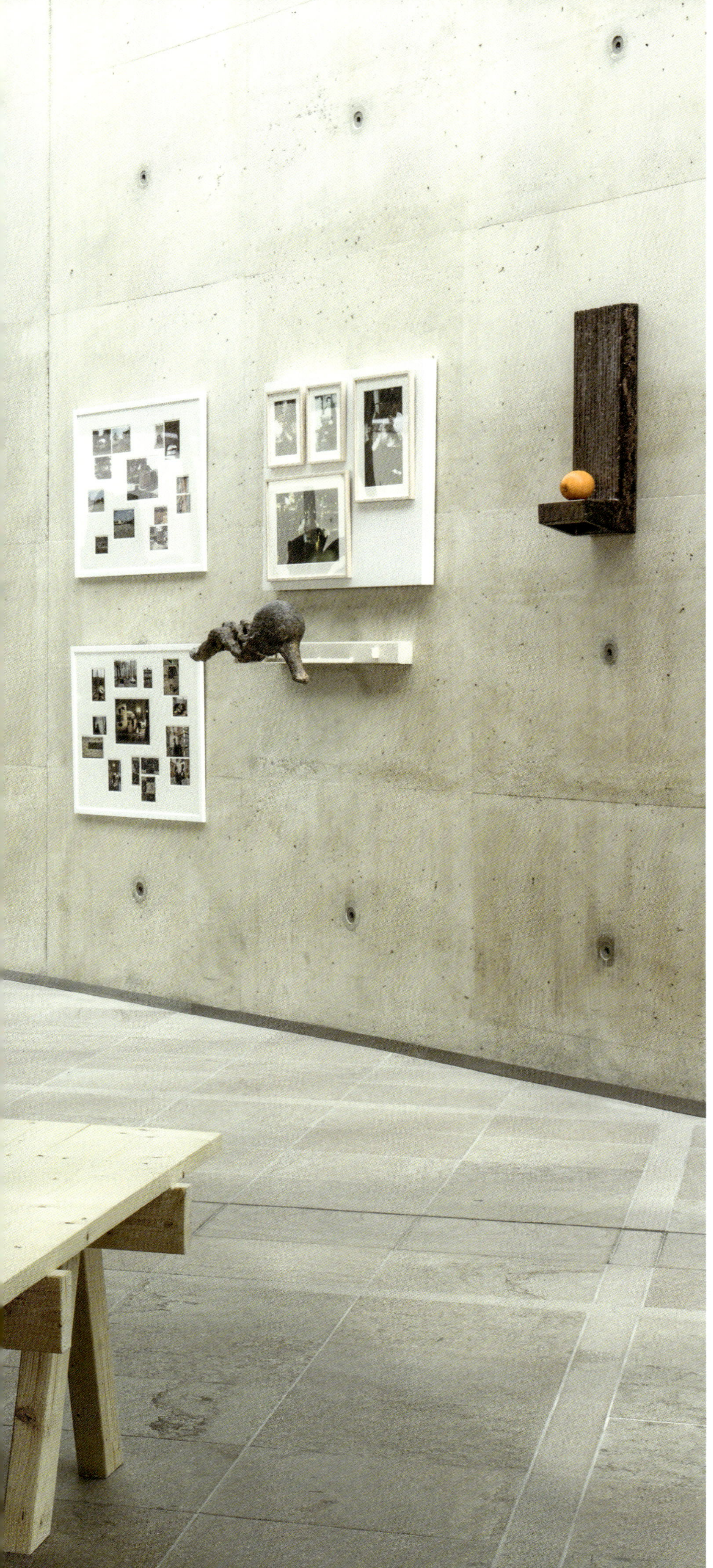

3 — **MIAMI EAGLE / LE CONDOR (LE CON-DORT)** (2003)

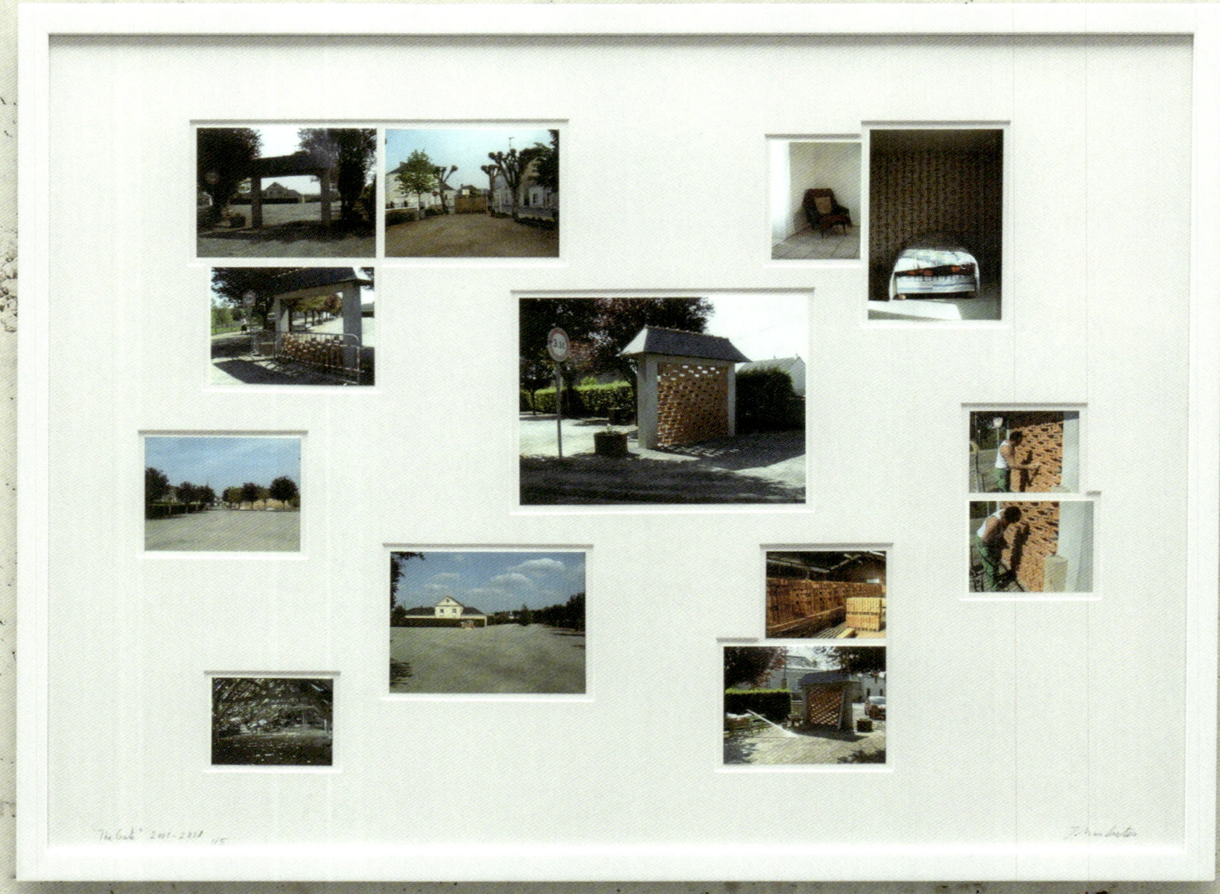

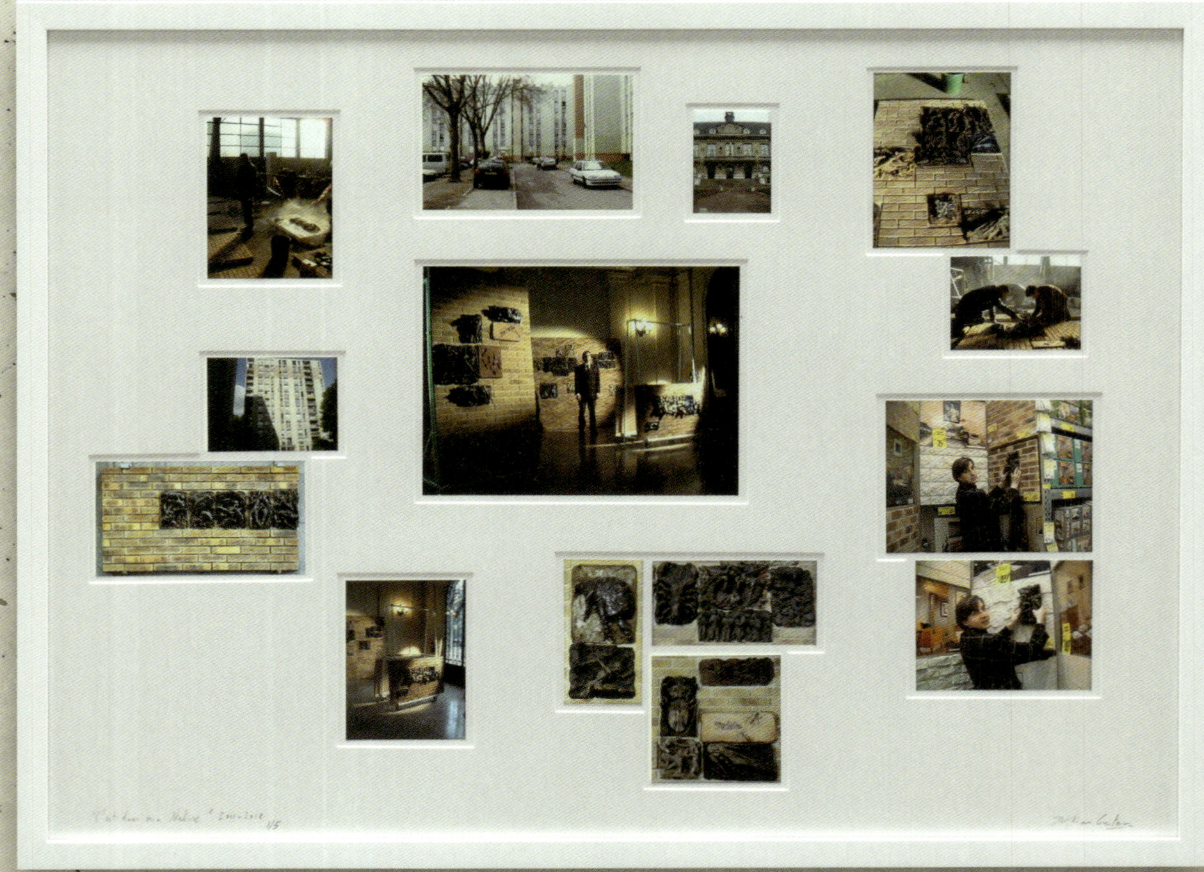

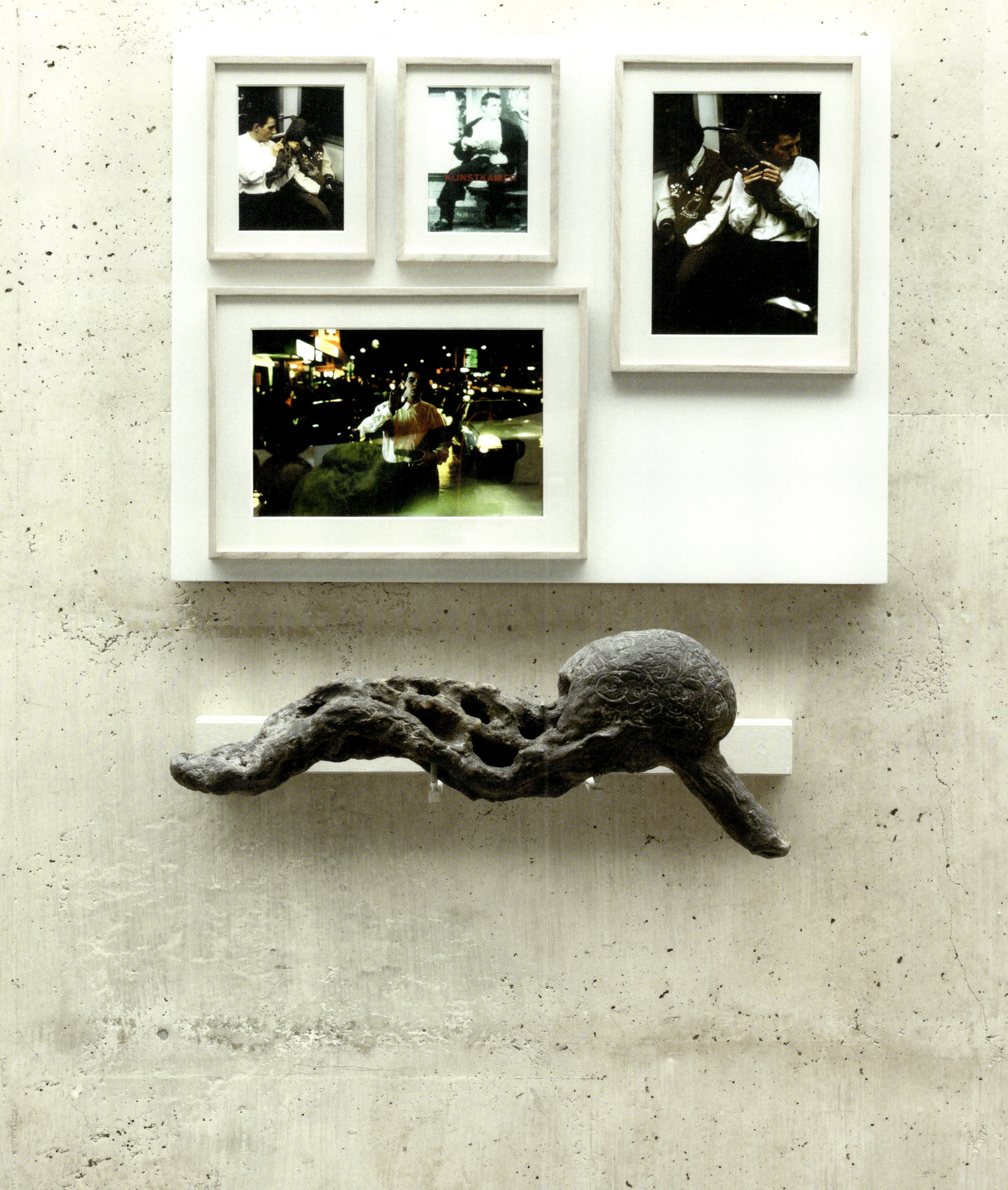

2 — **PRÉSENTOIR D'ORANGE** (1989–2017)

P. 44: 10 — **THE GATE** (2001–2018)
P. 44: 9 — **C'EST DANS MA NATURE** (2001–2018)
P. 45: 8 — **LA LANGUE** (1986)

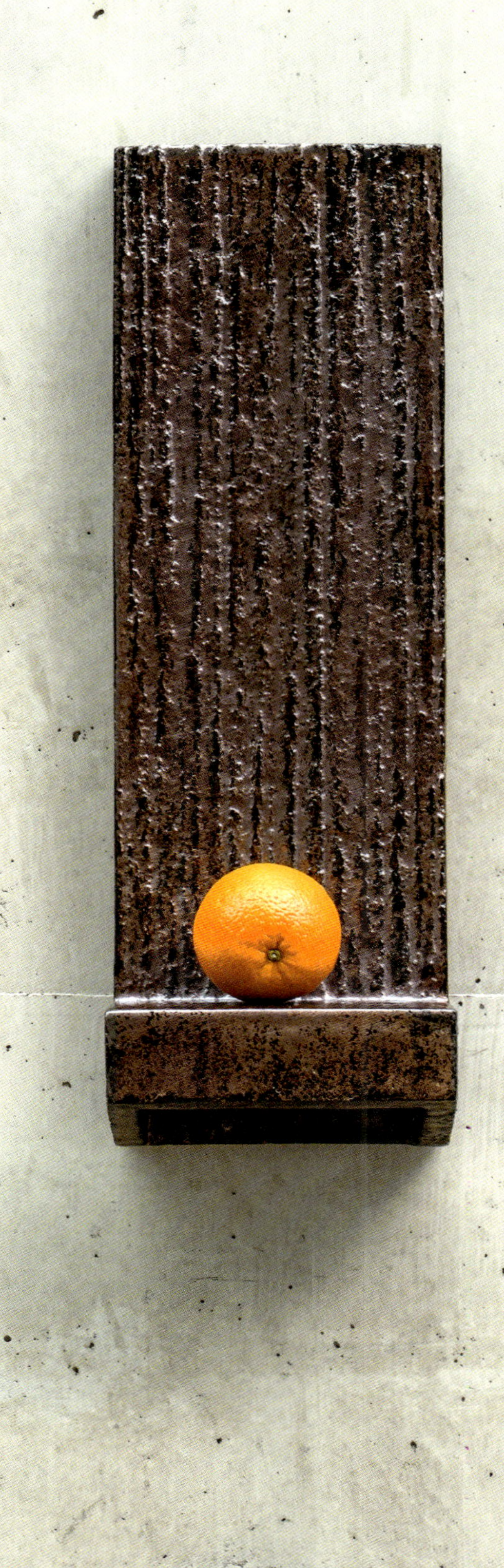

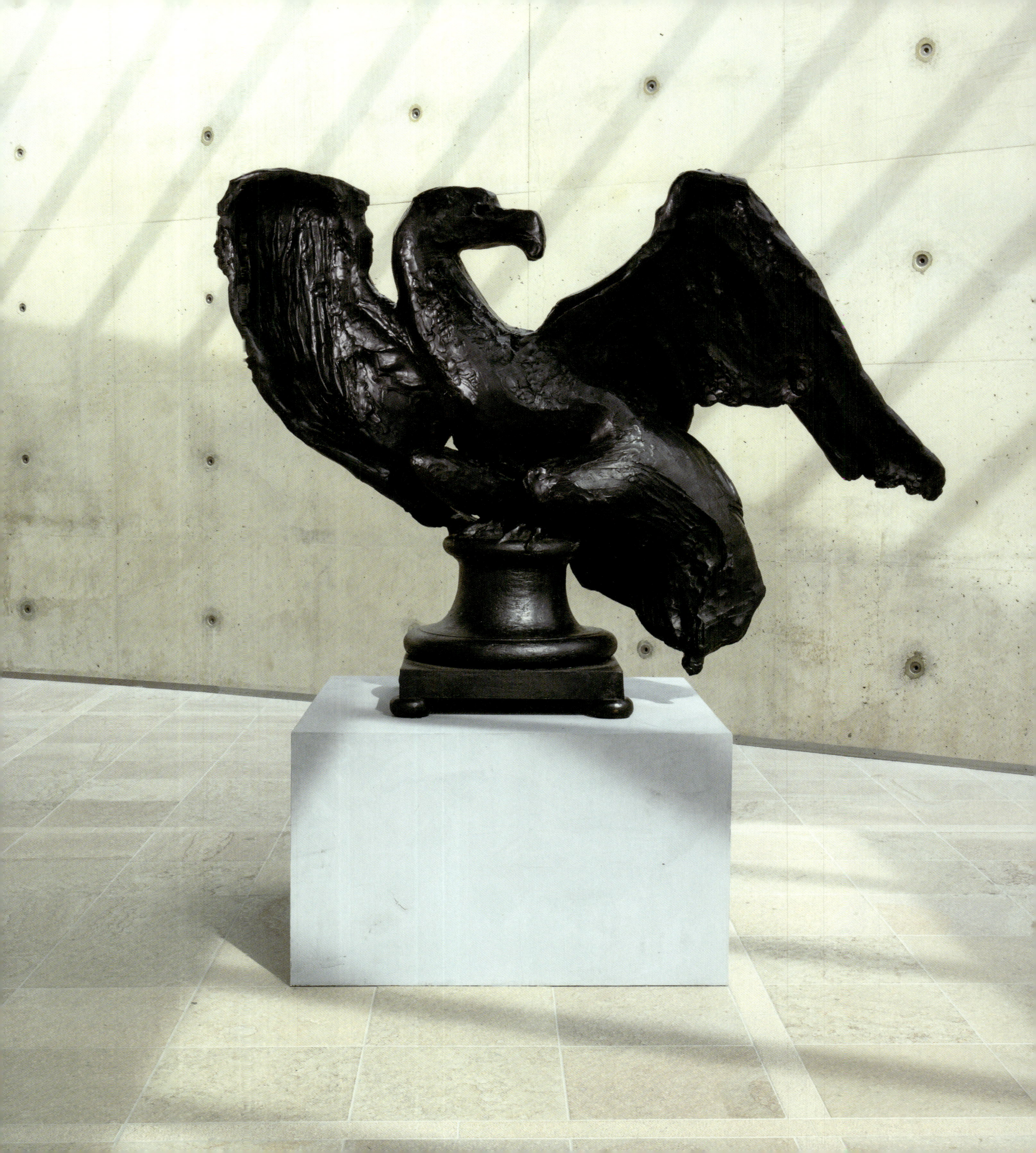

PP. 50–51: 7 — **COUCH POTATOES** (1997)

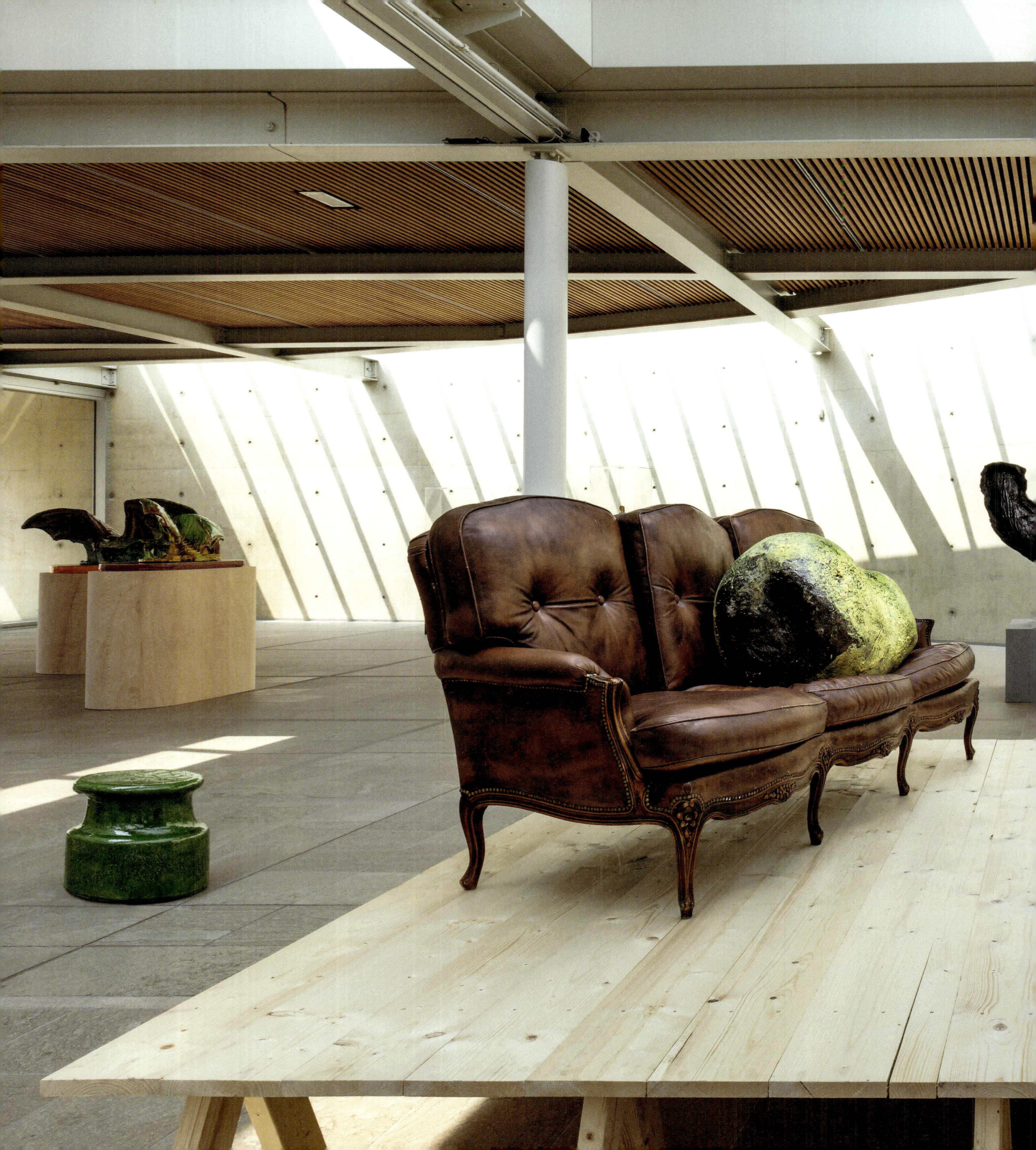

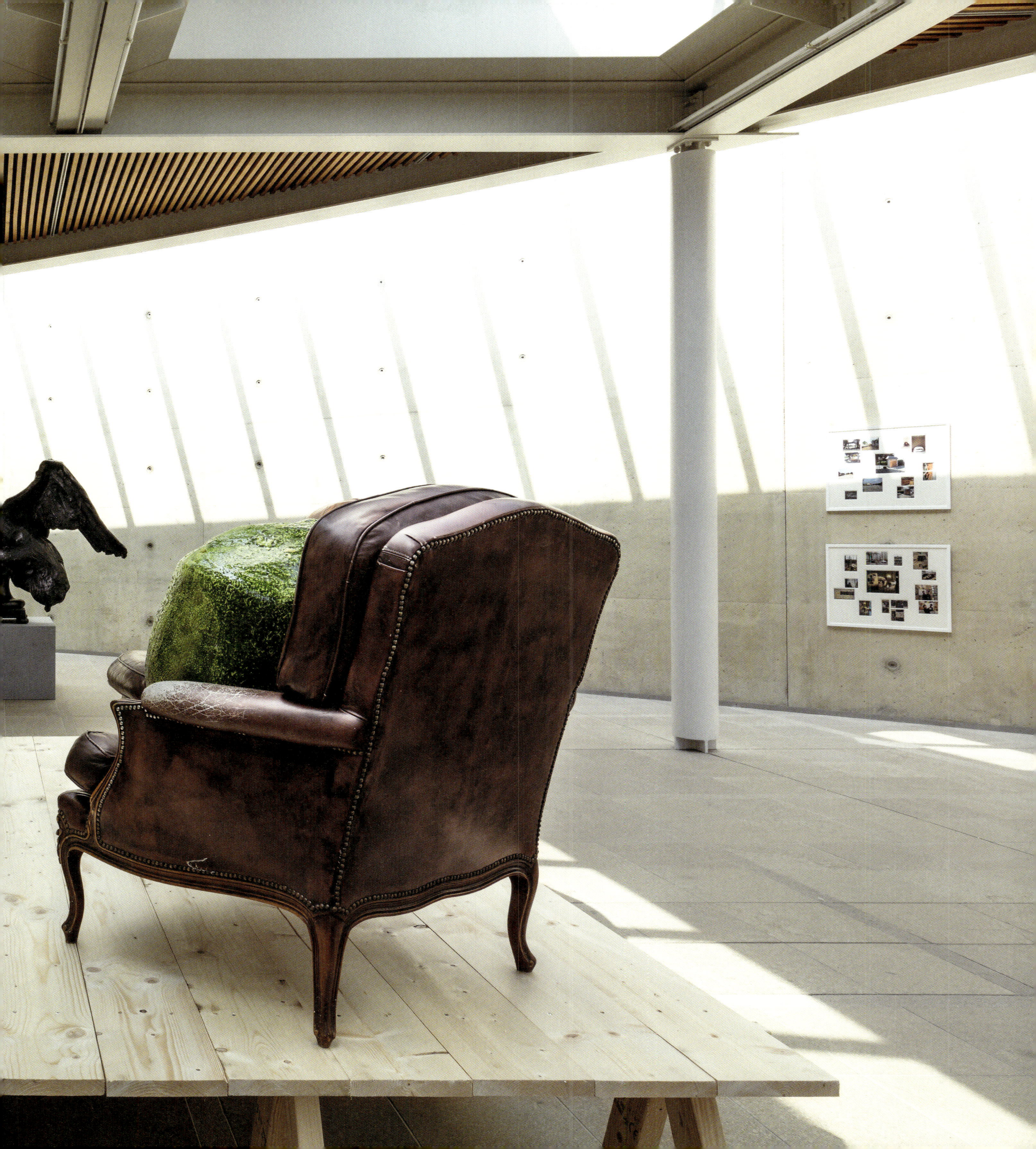

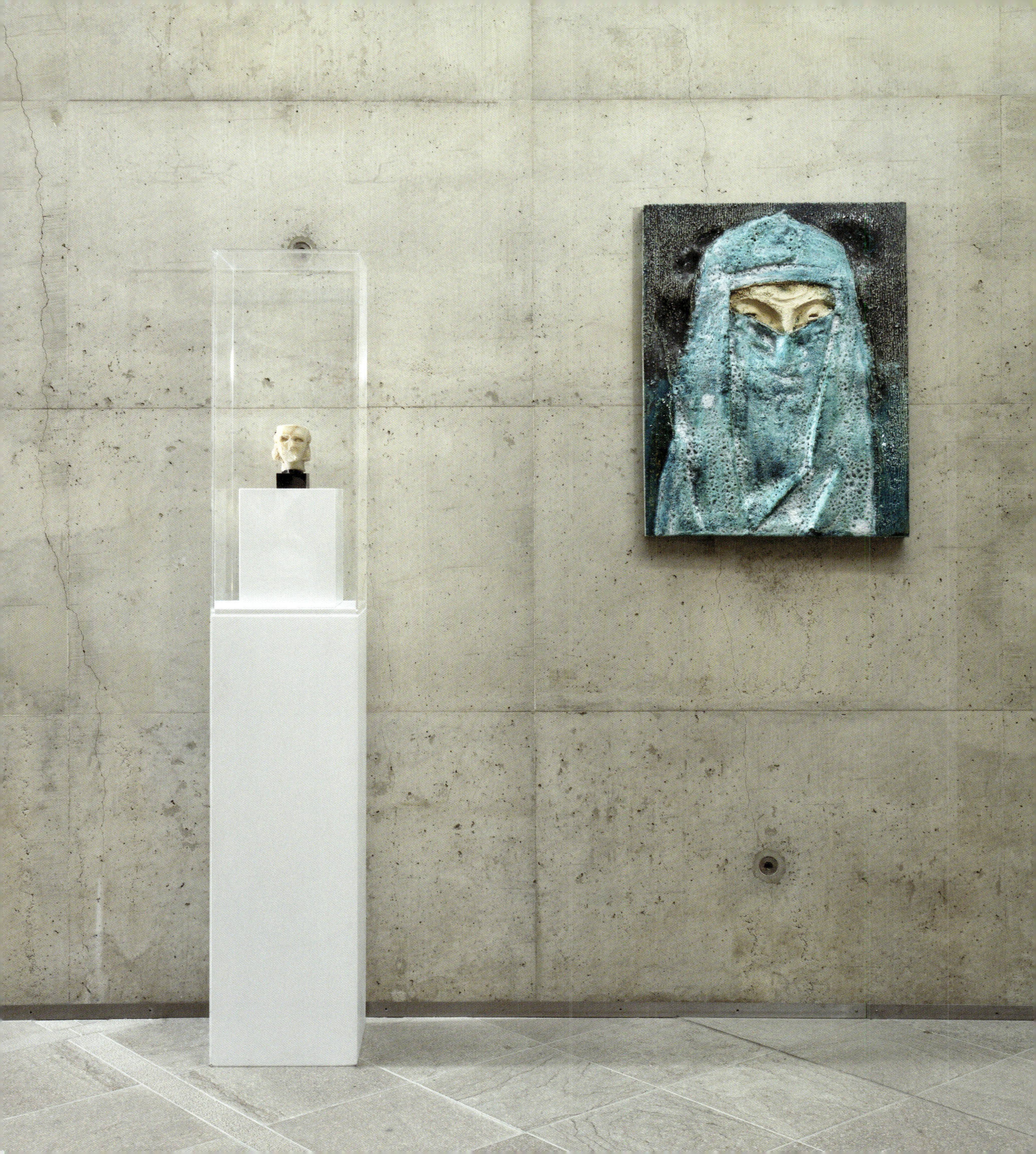

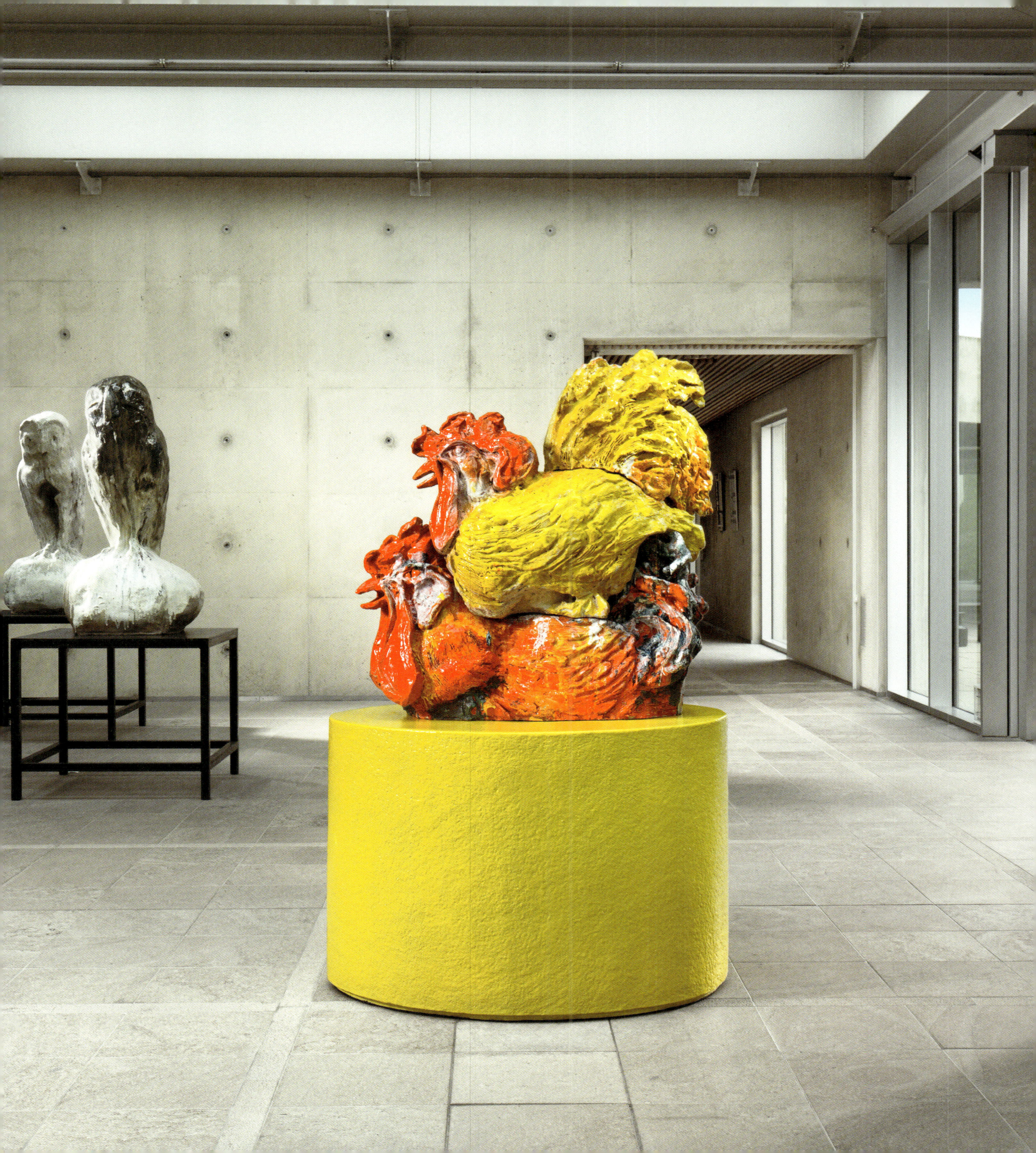

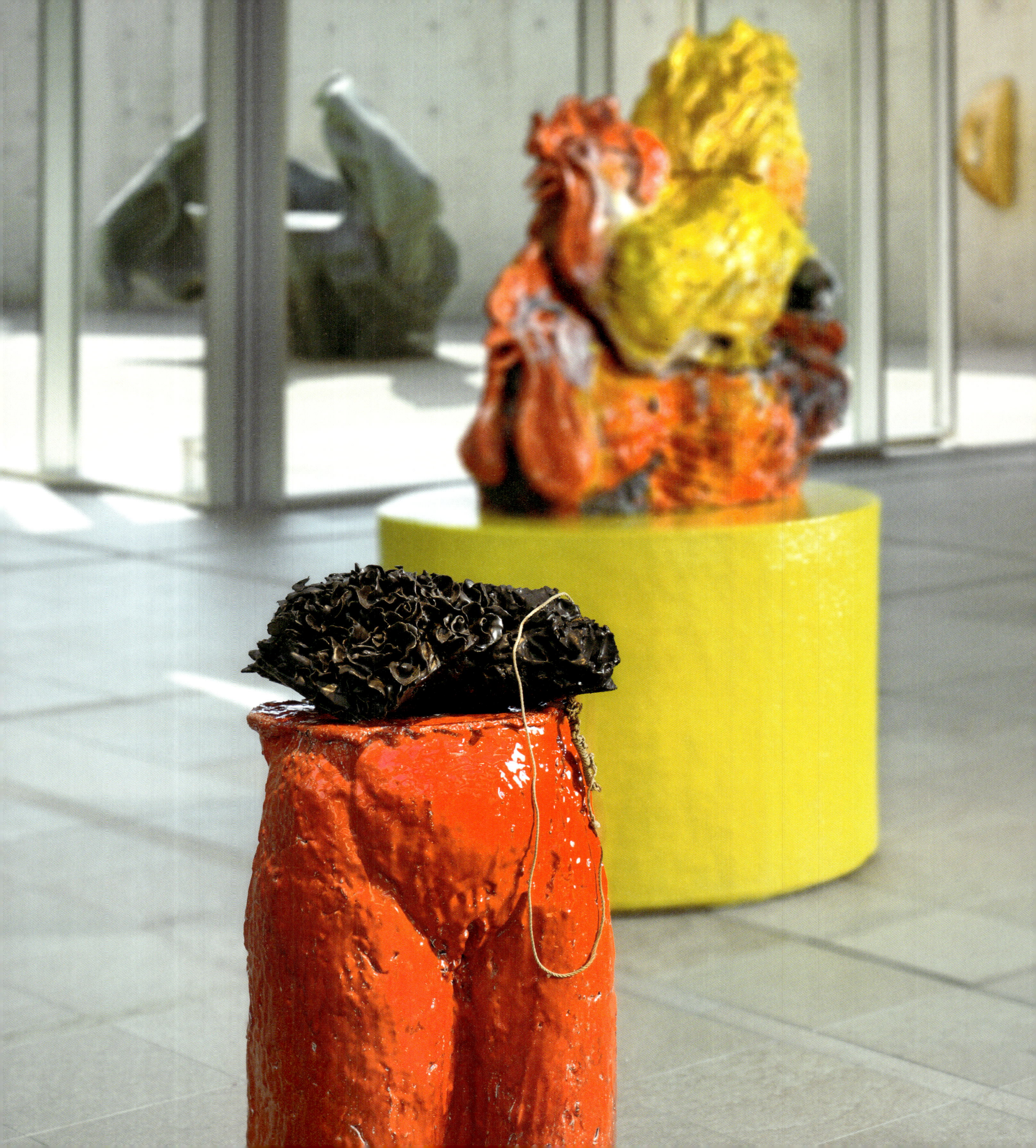

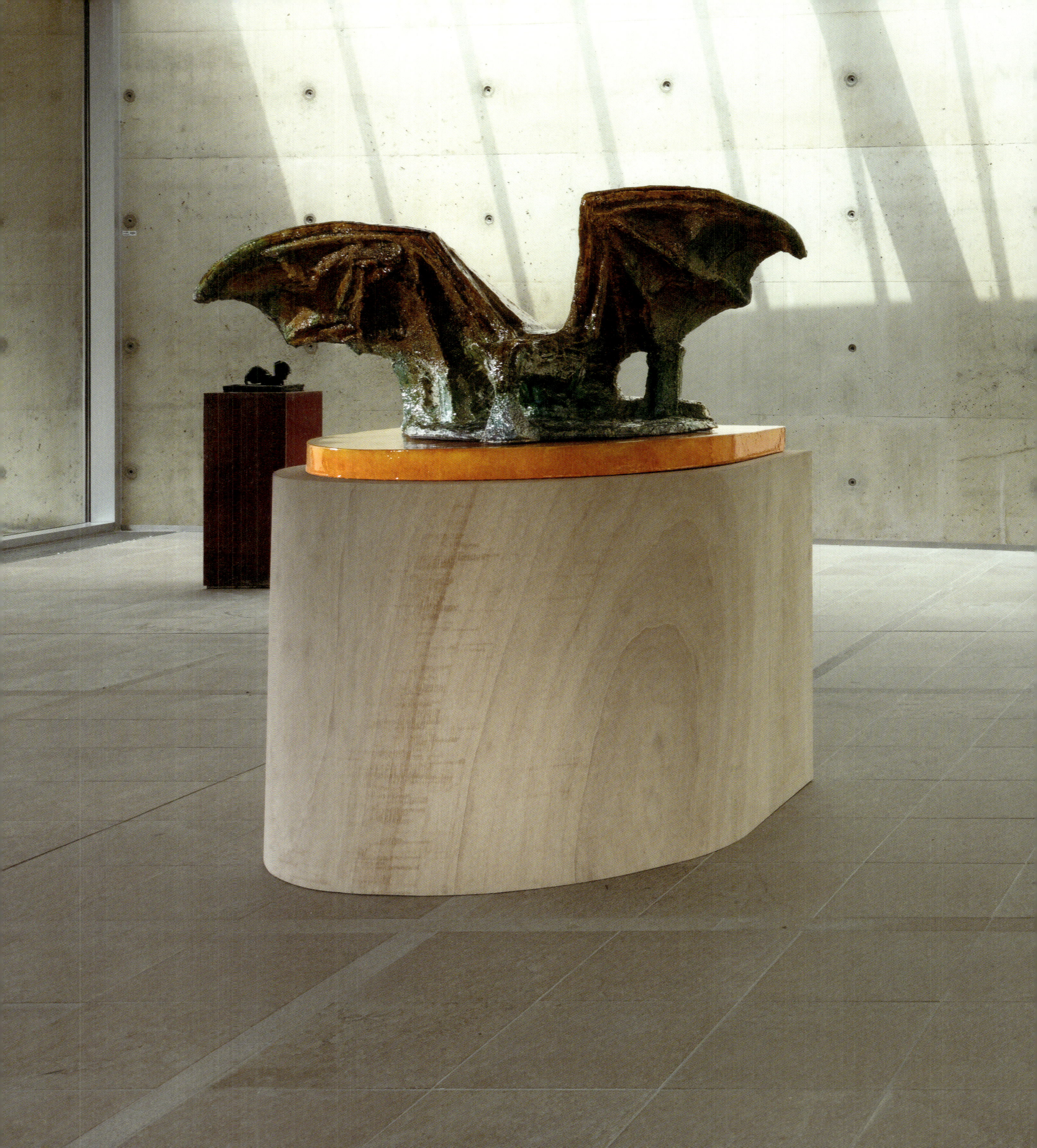

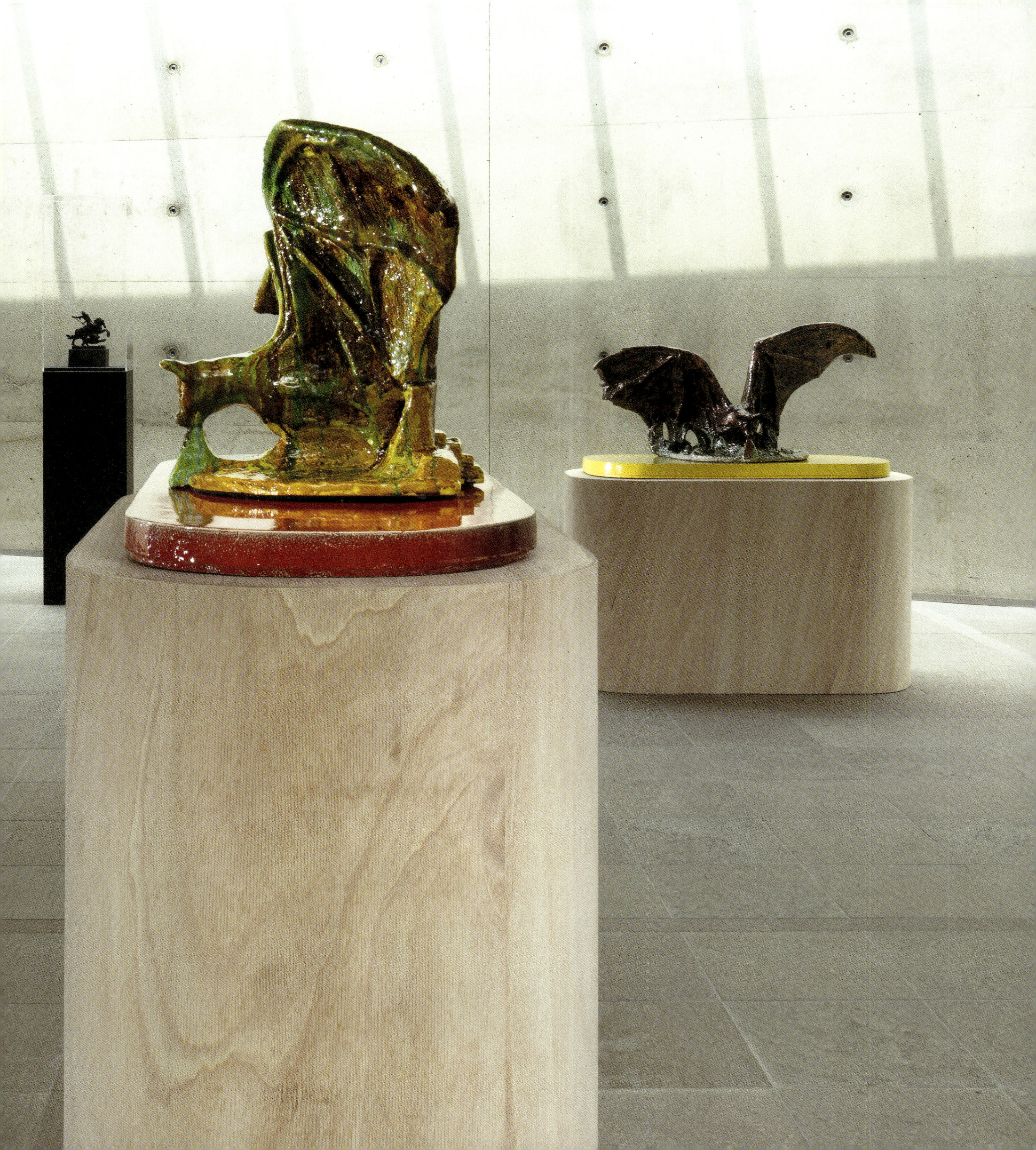

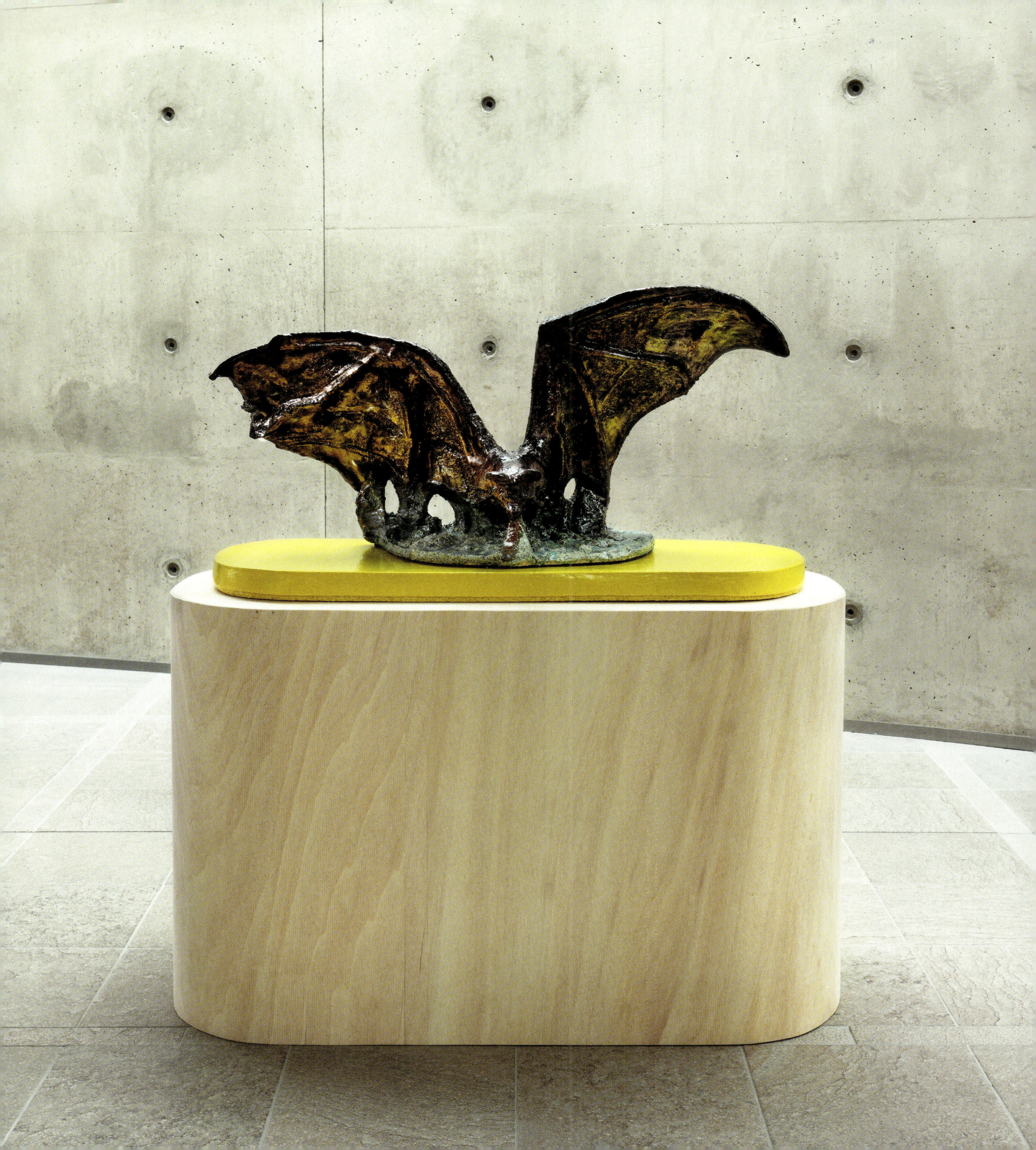

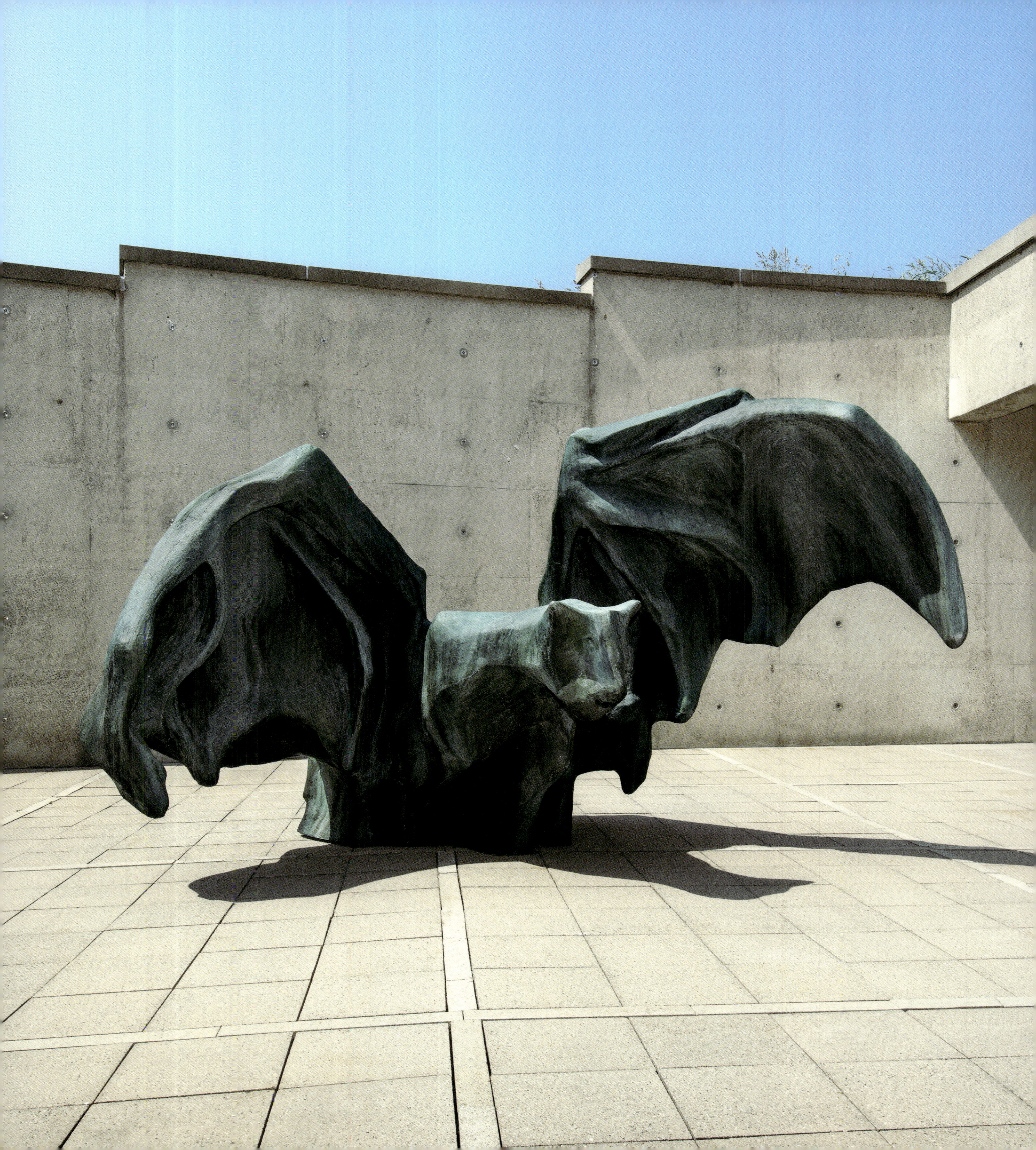

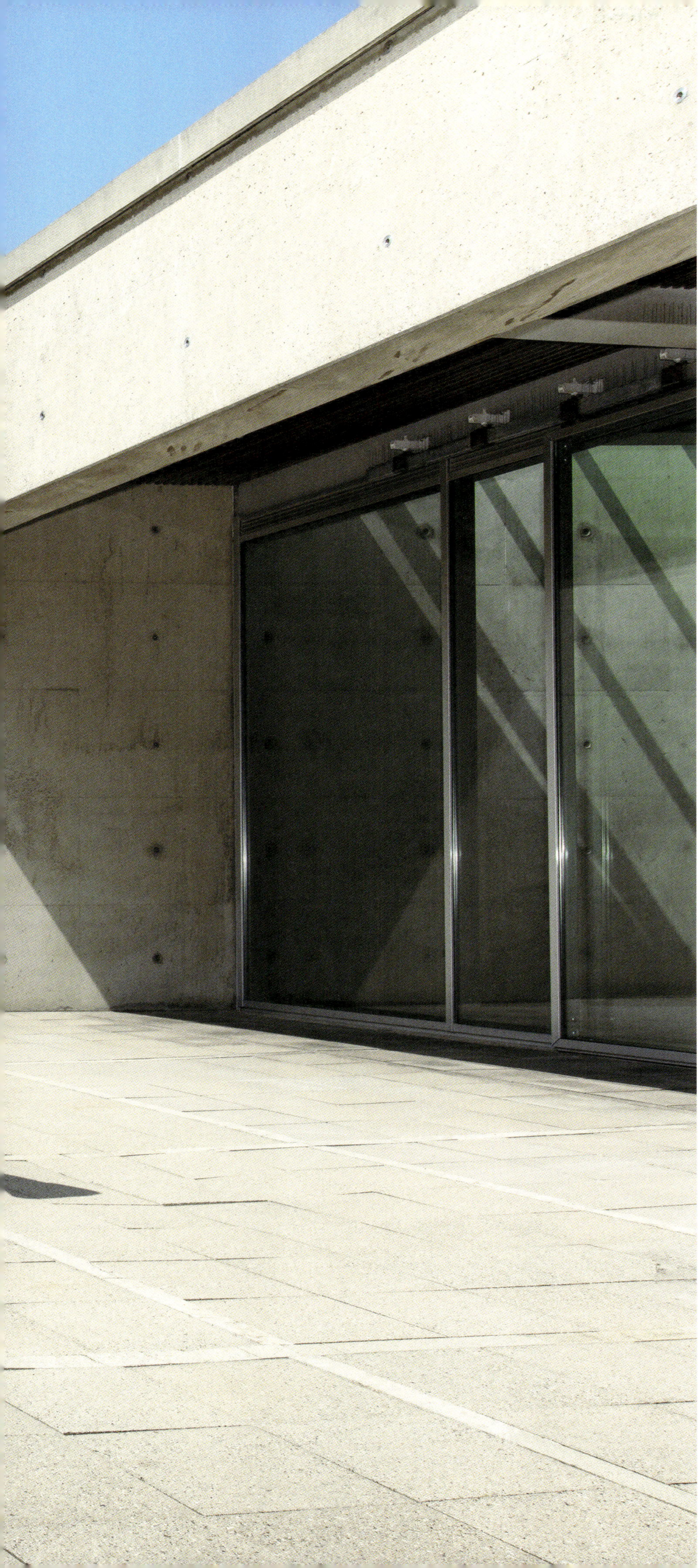

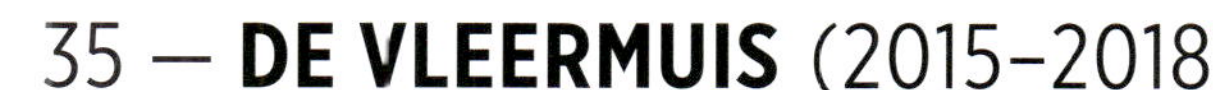

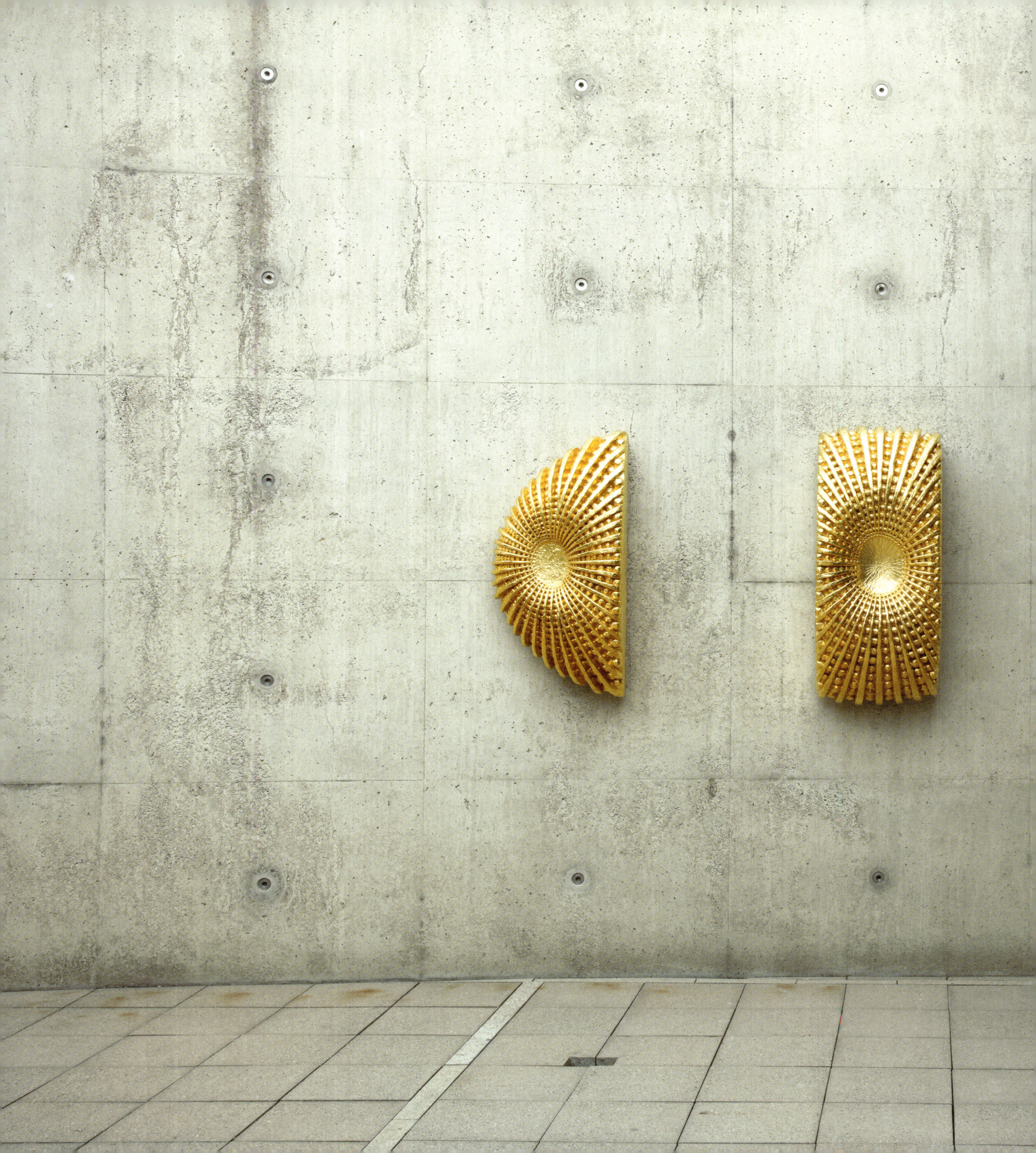

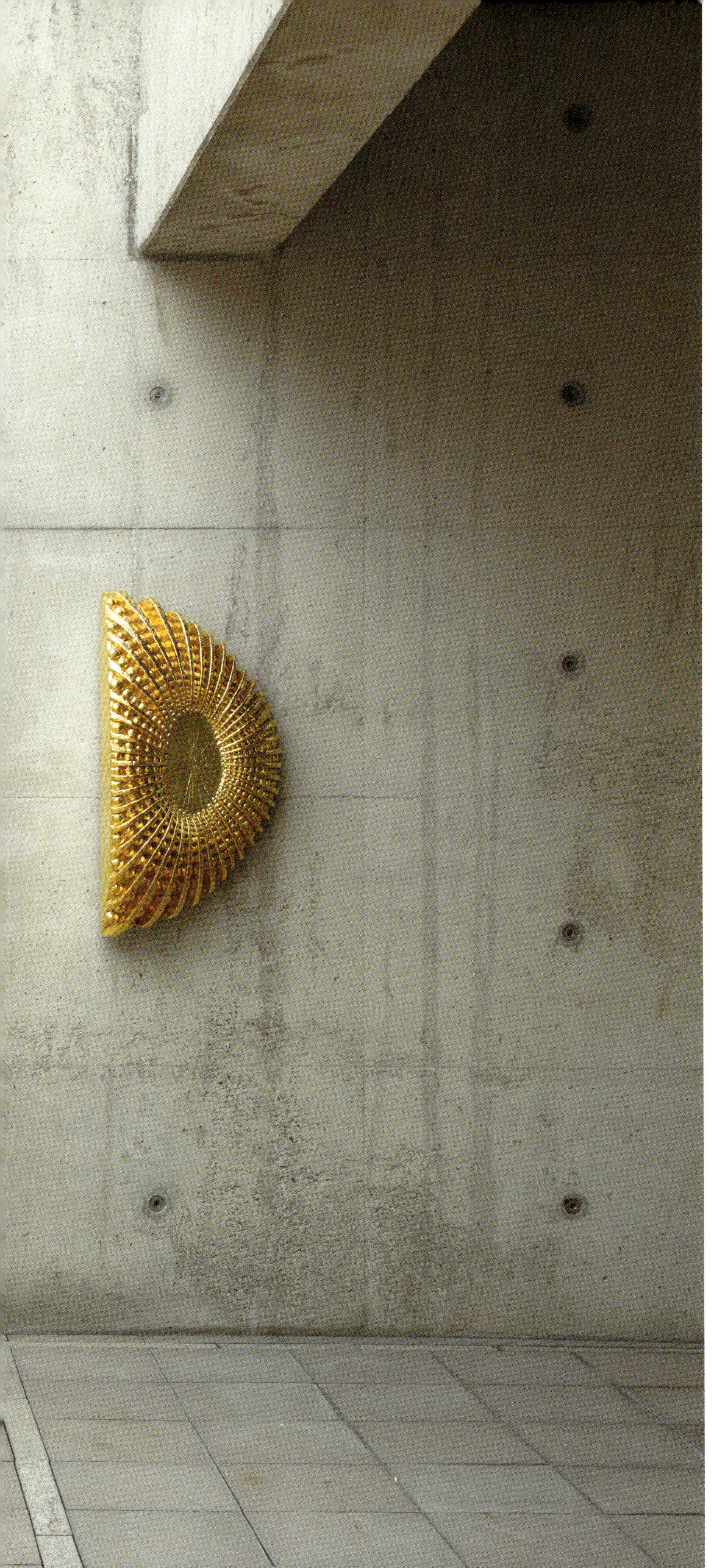

27 — **BIG GLORY-LA TRINITÉ** (2015–2016)

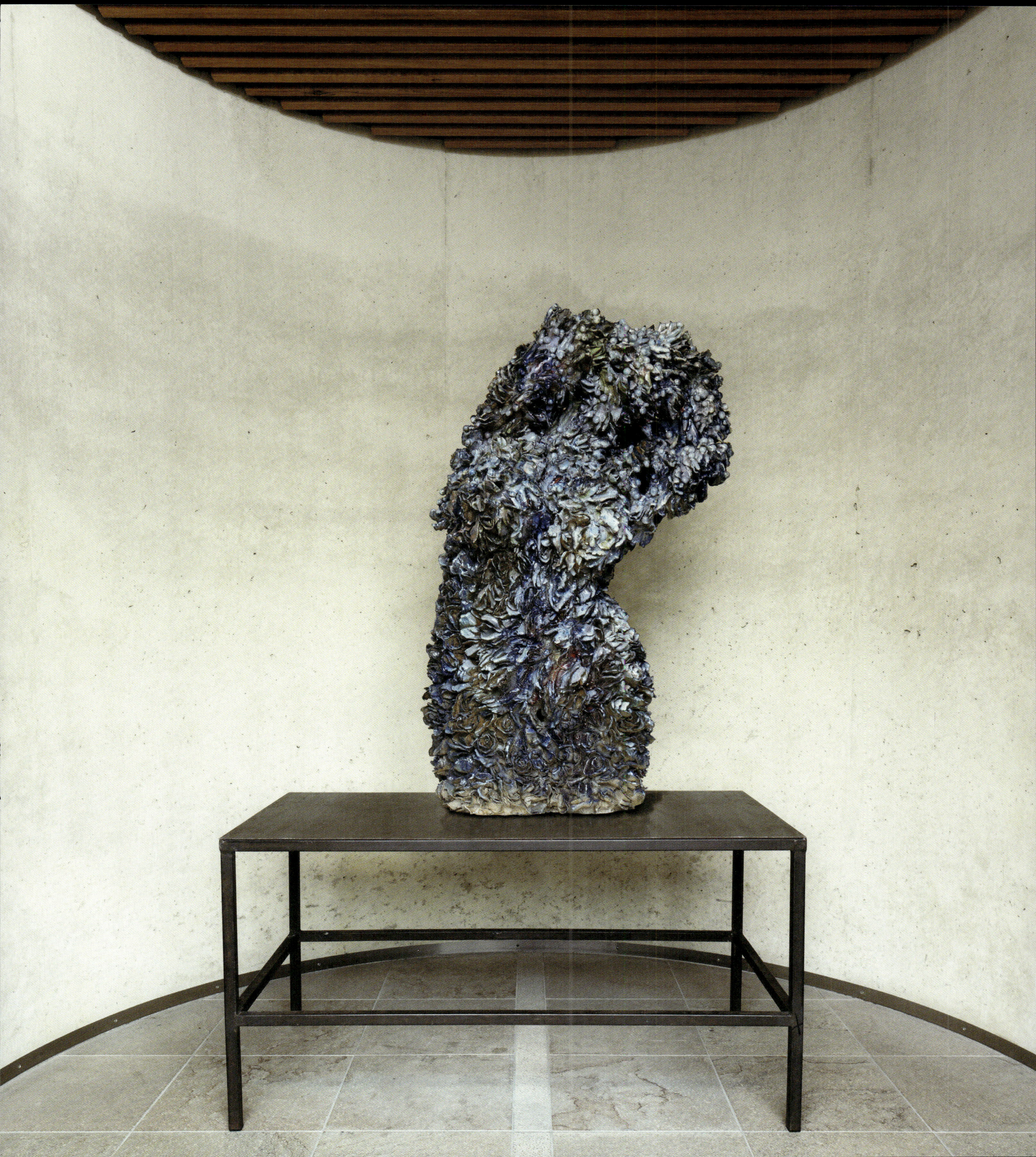

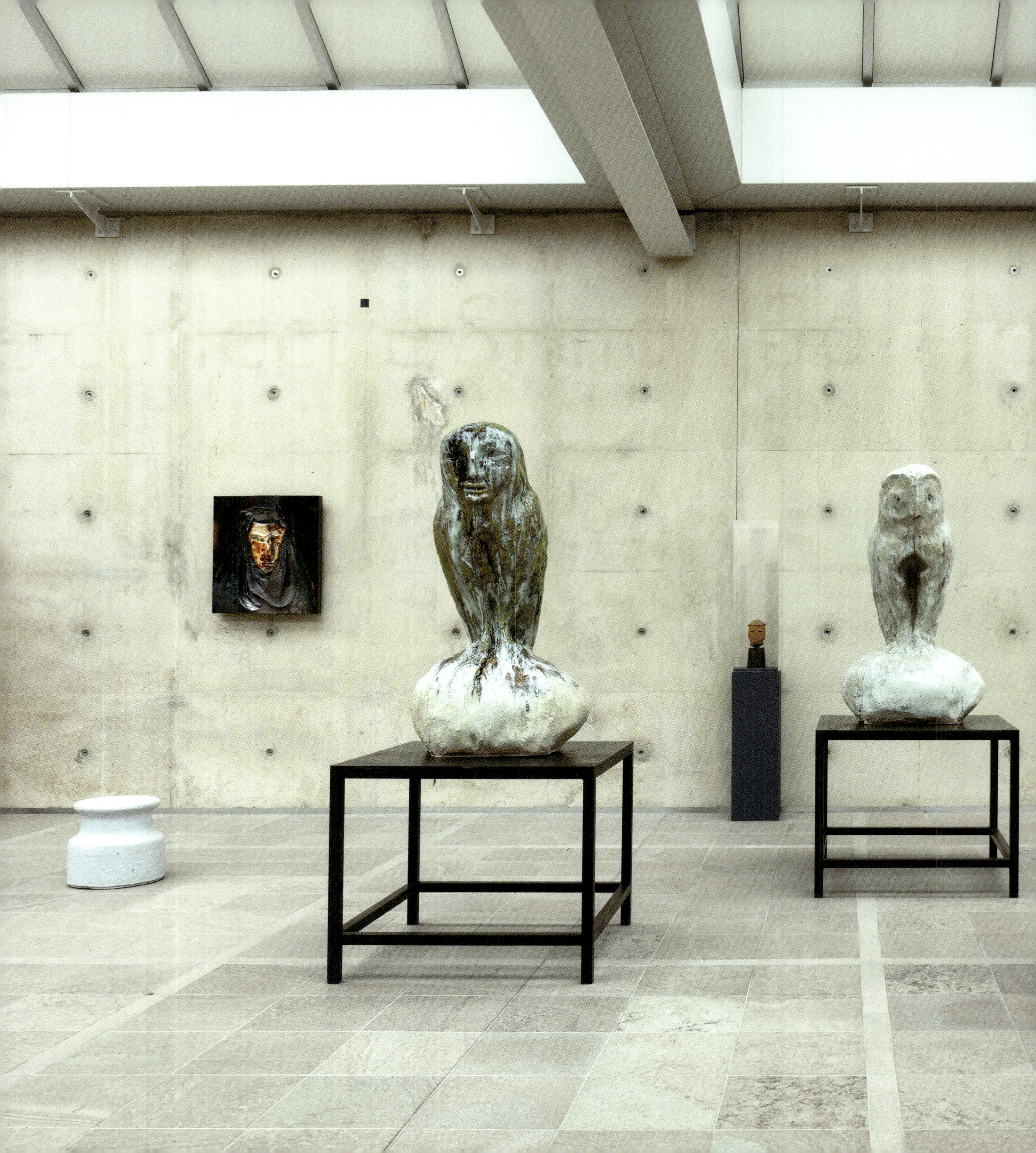

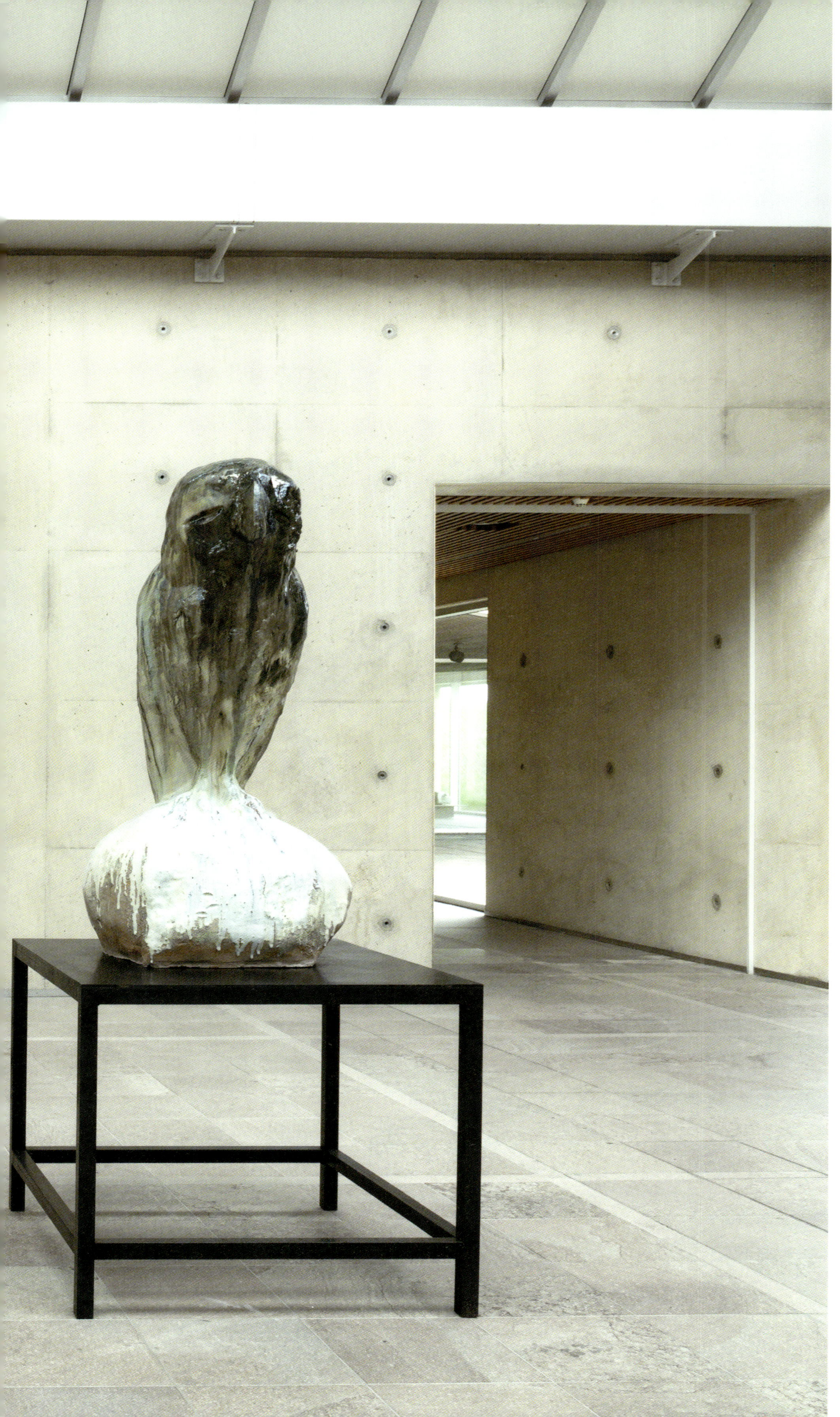

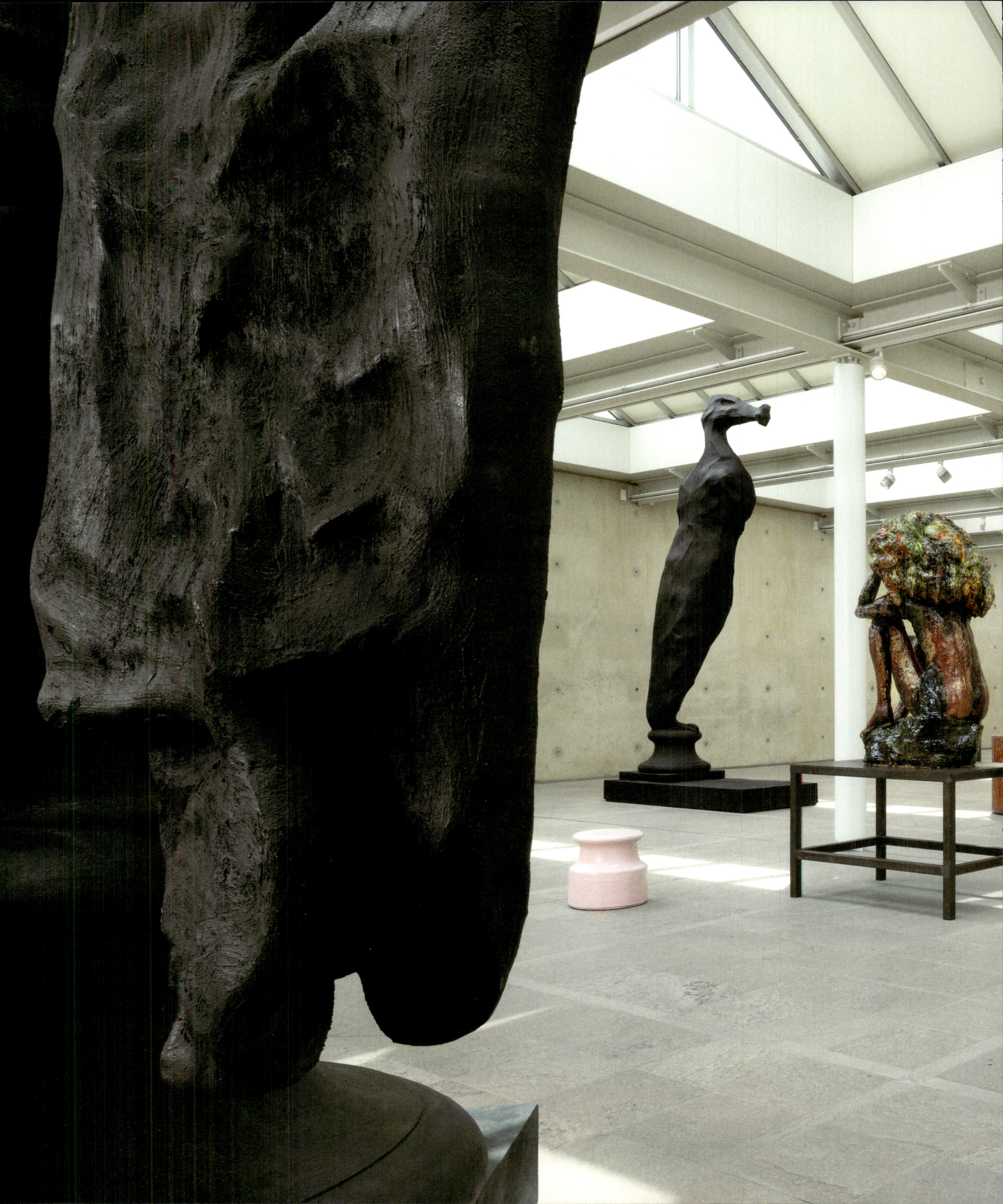

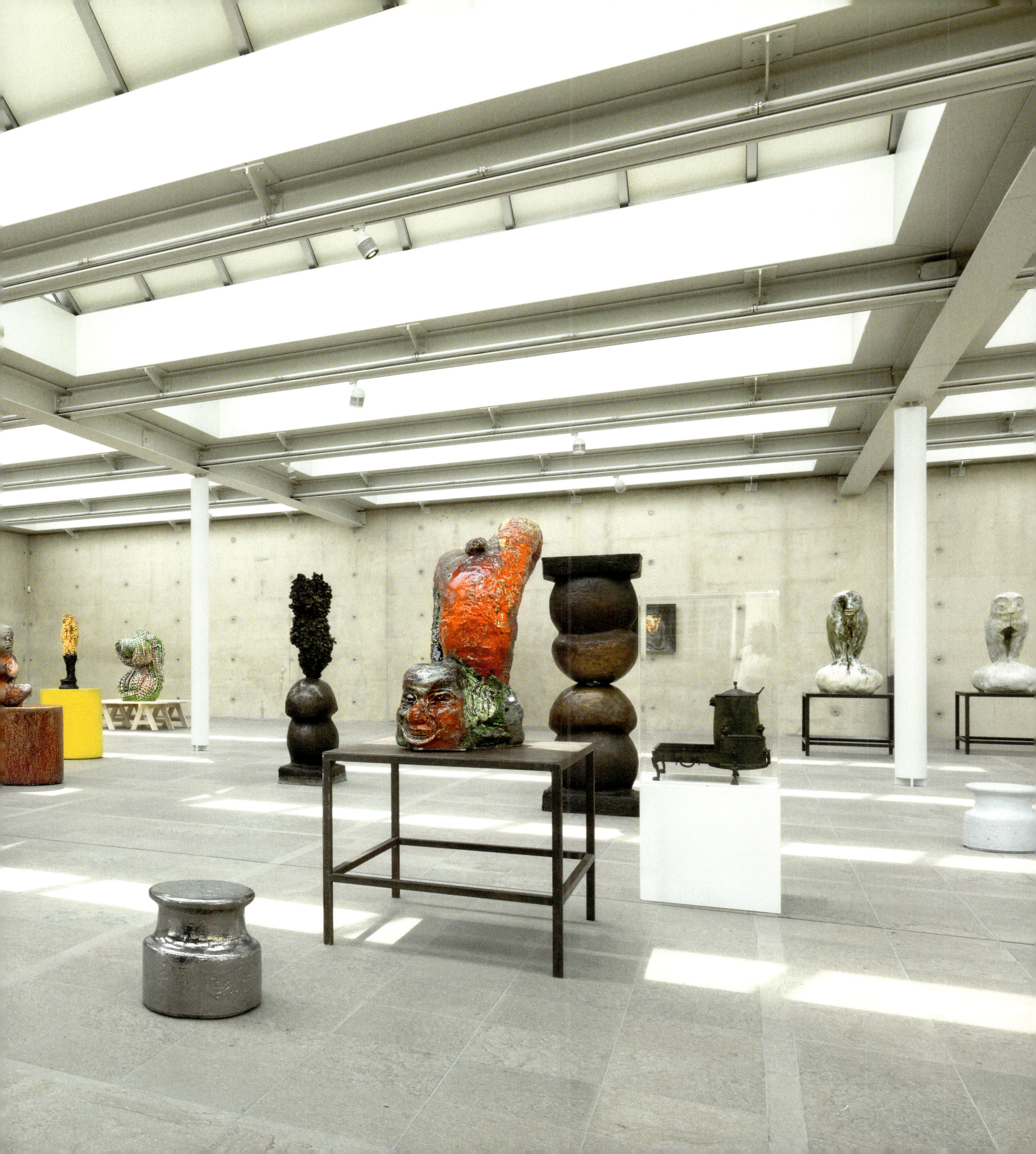

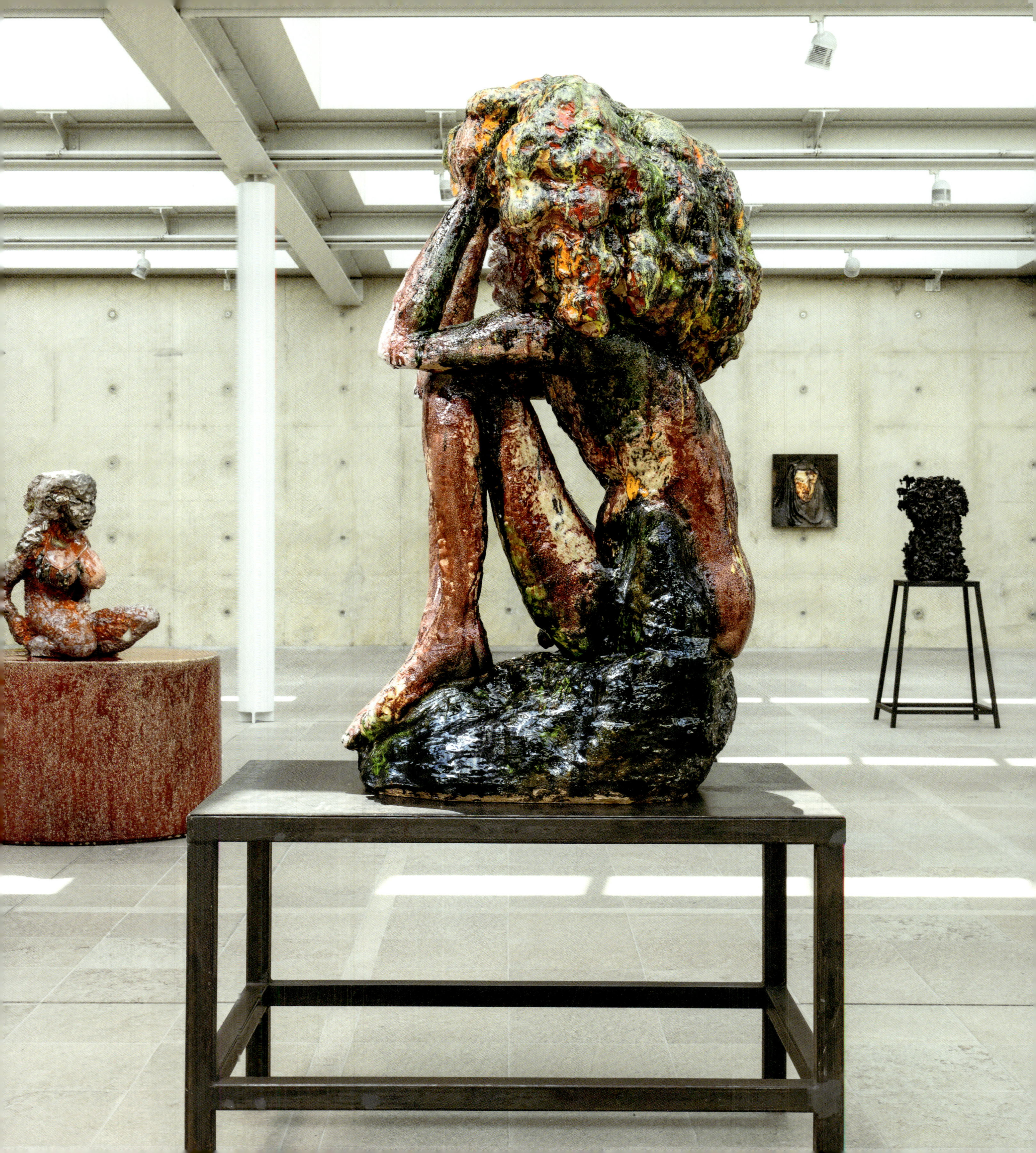

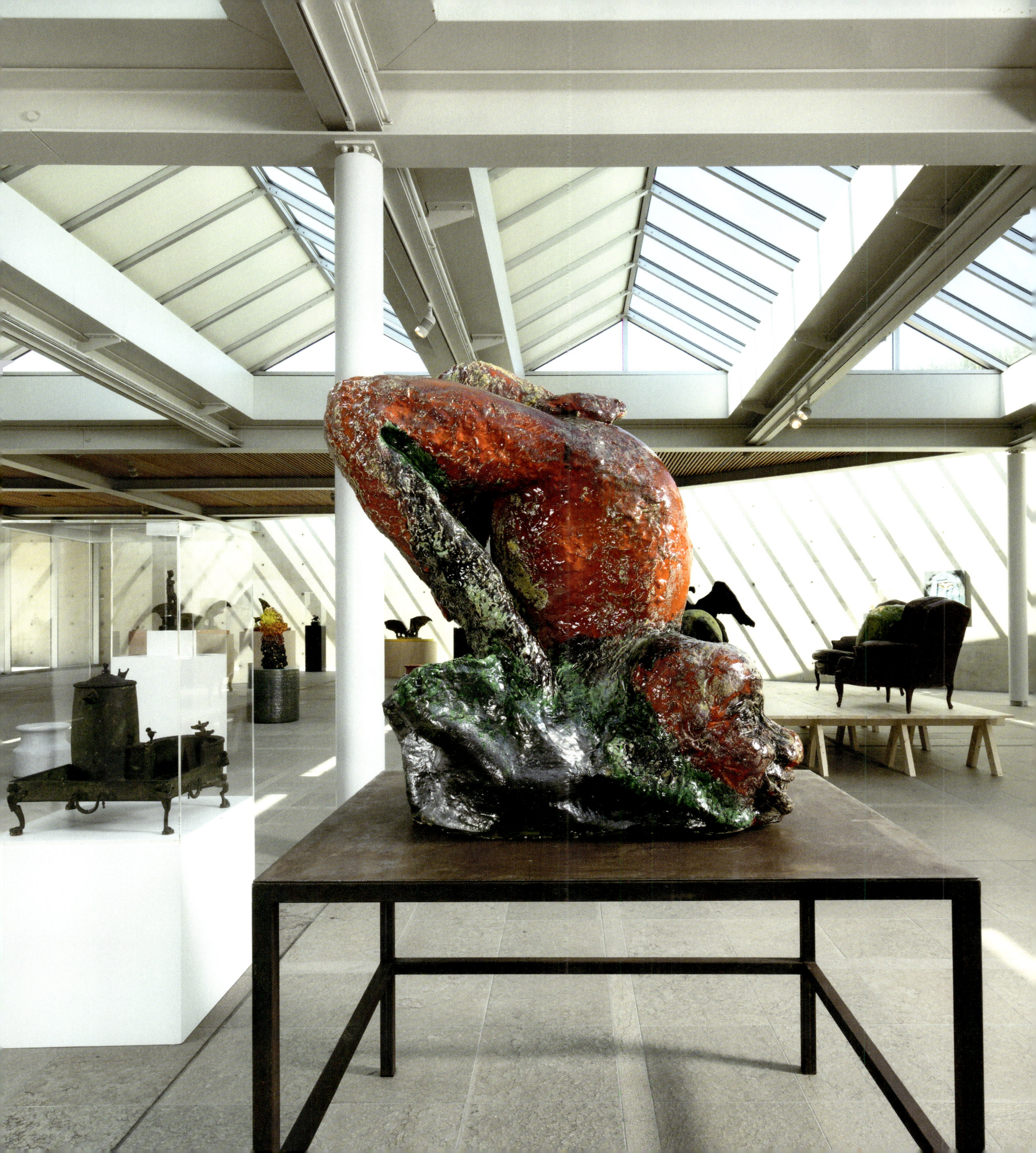

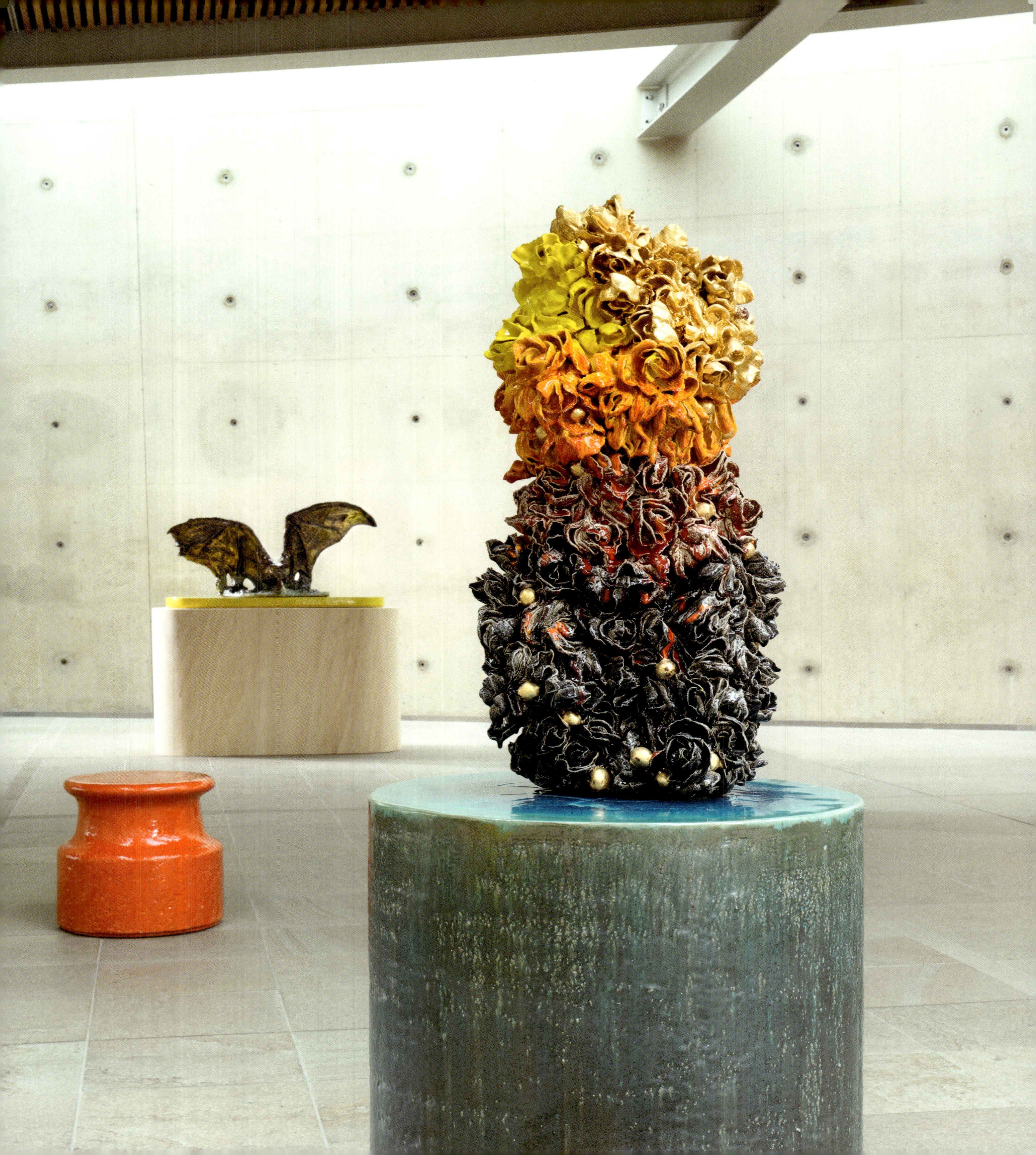

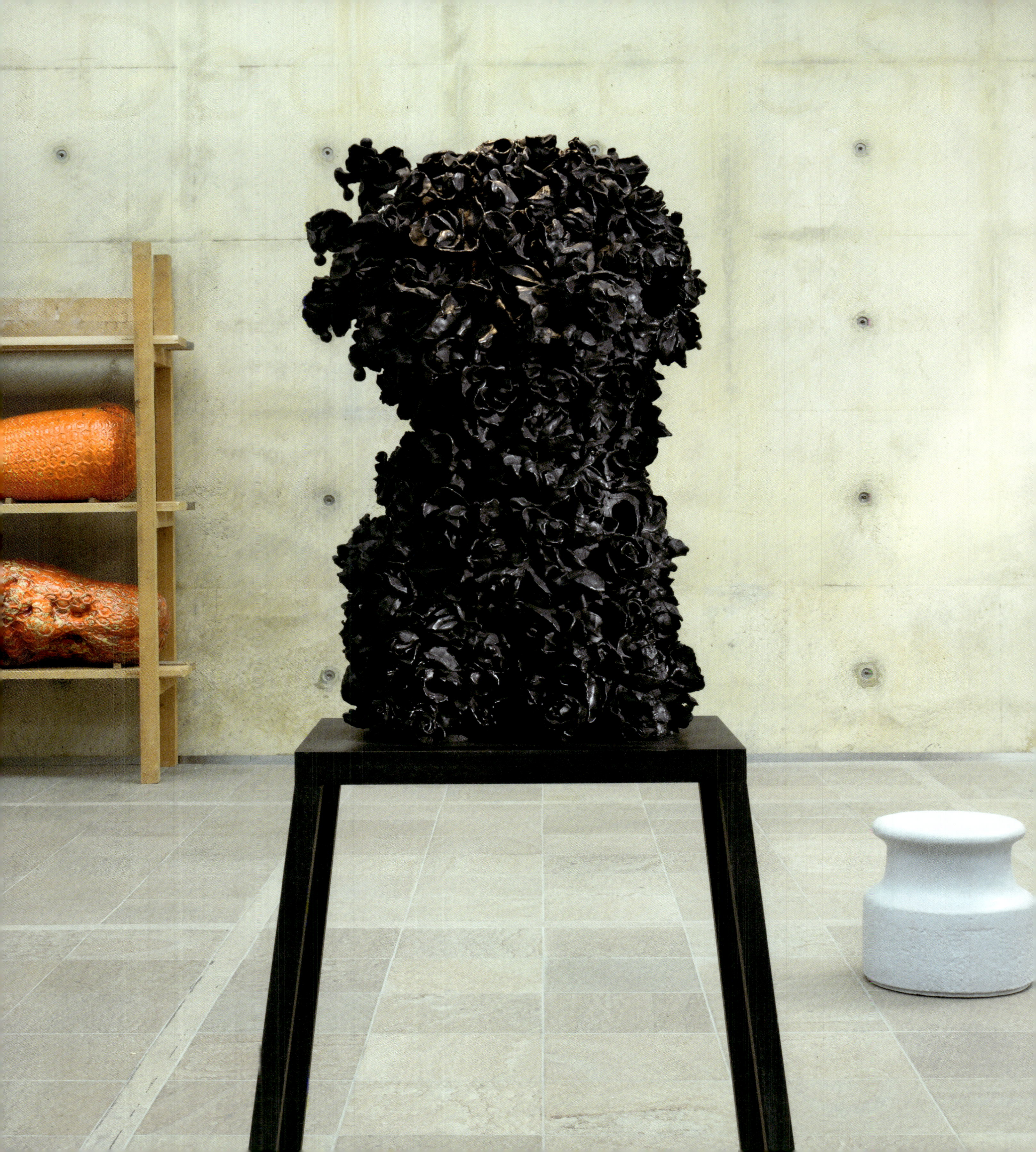

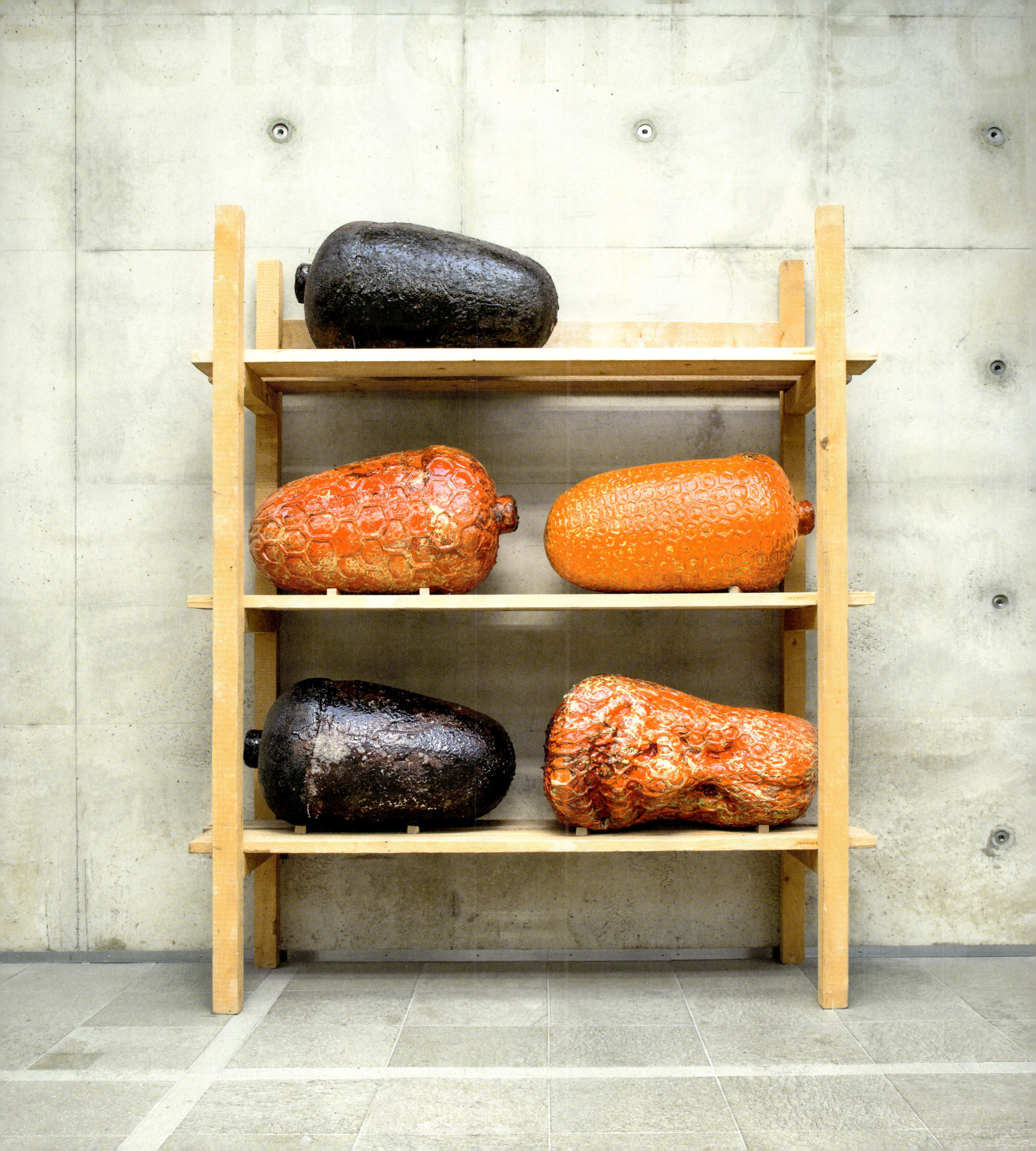

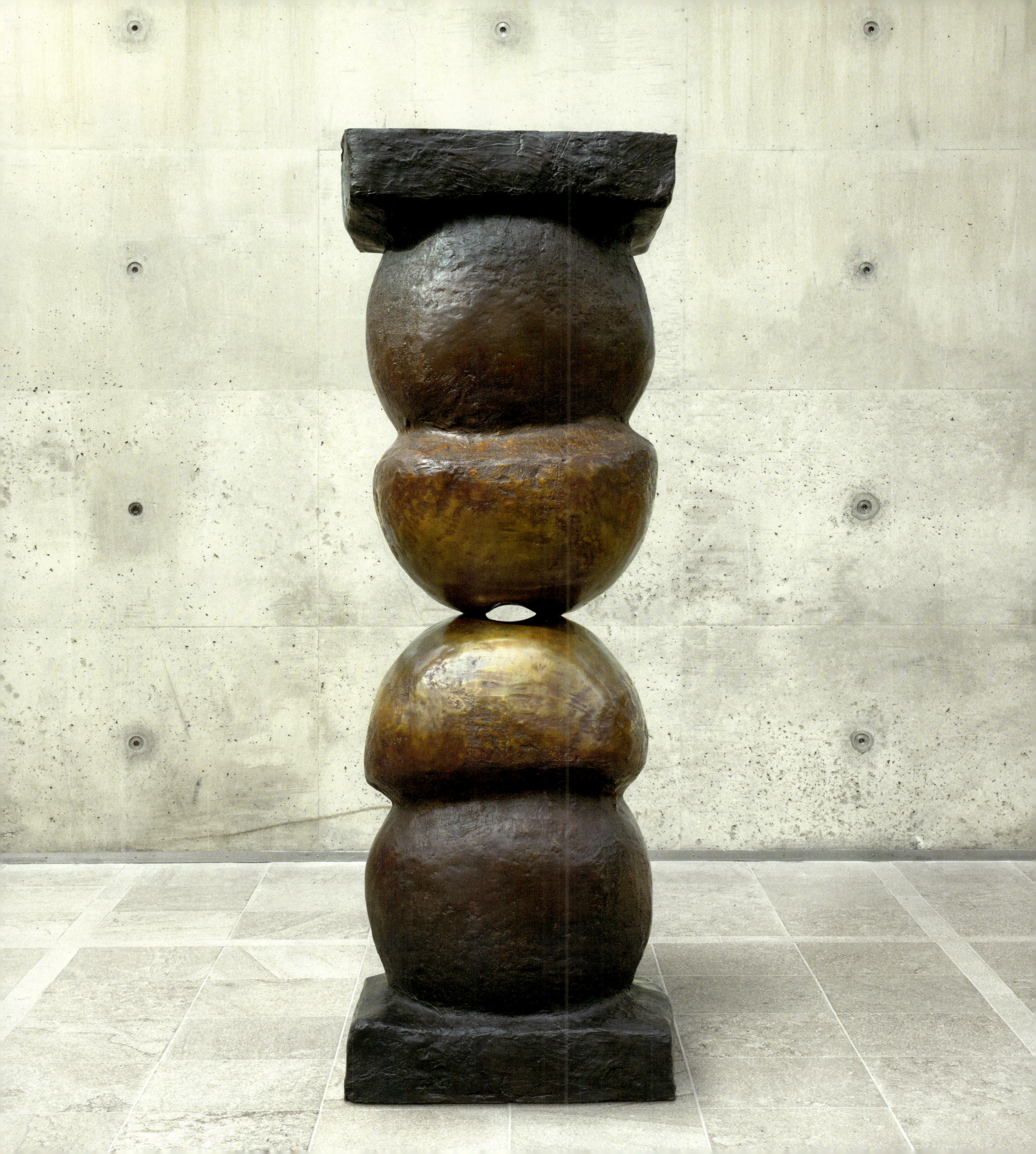

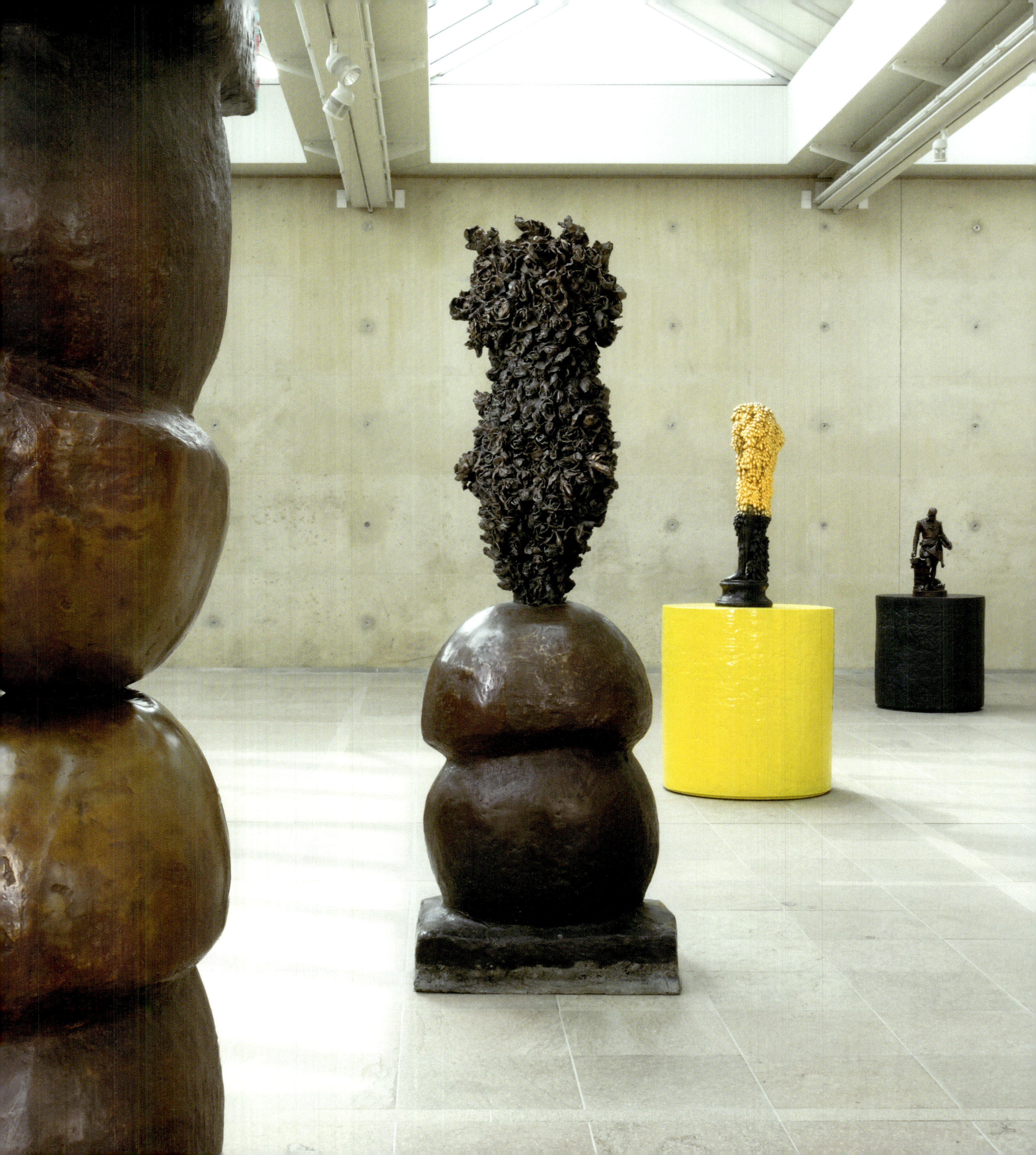

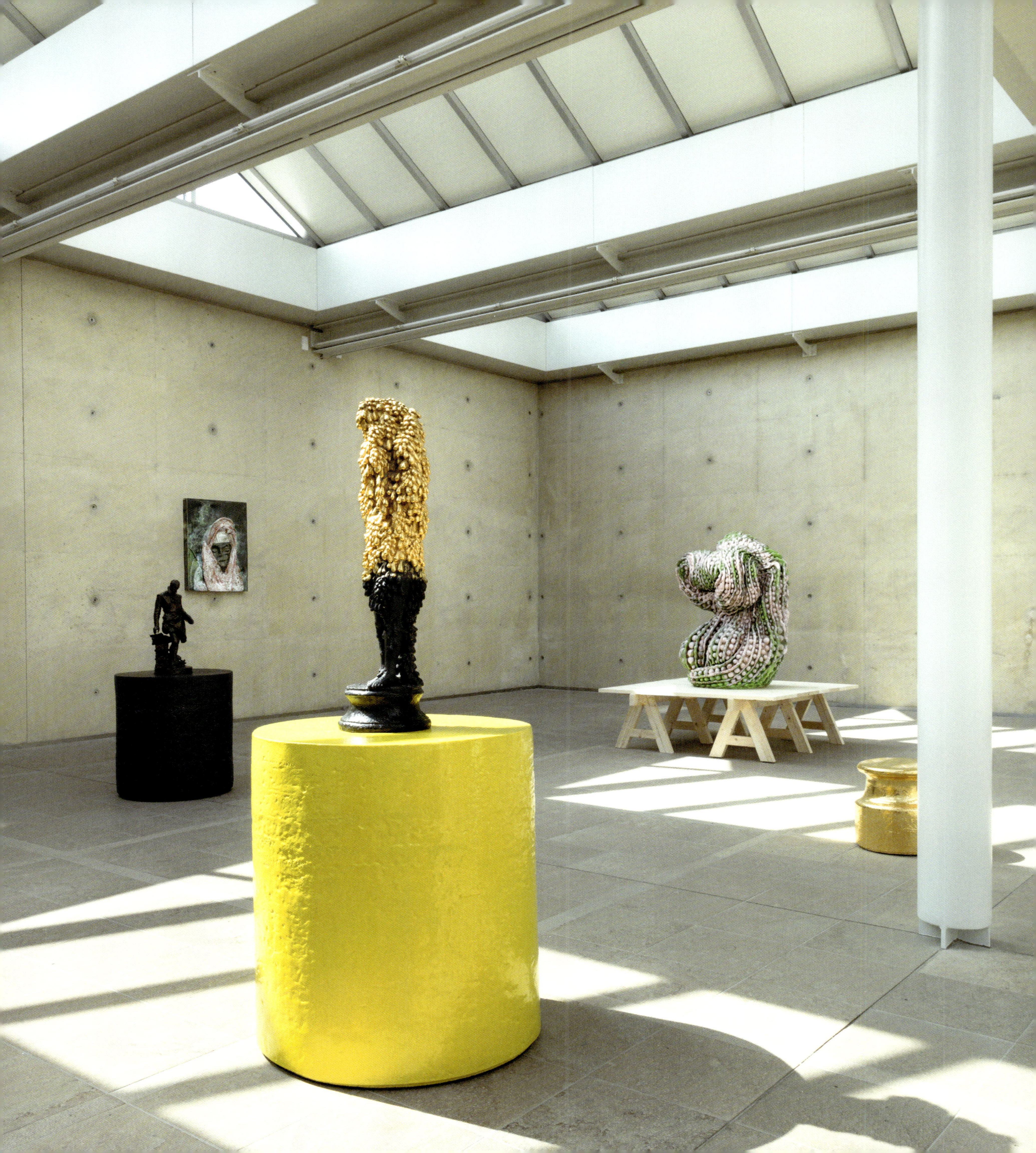

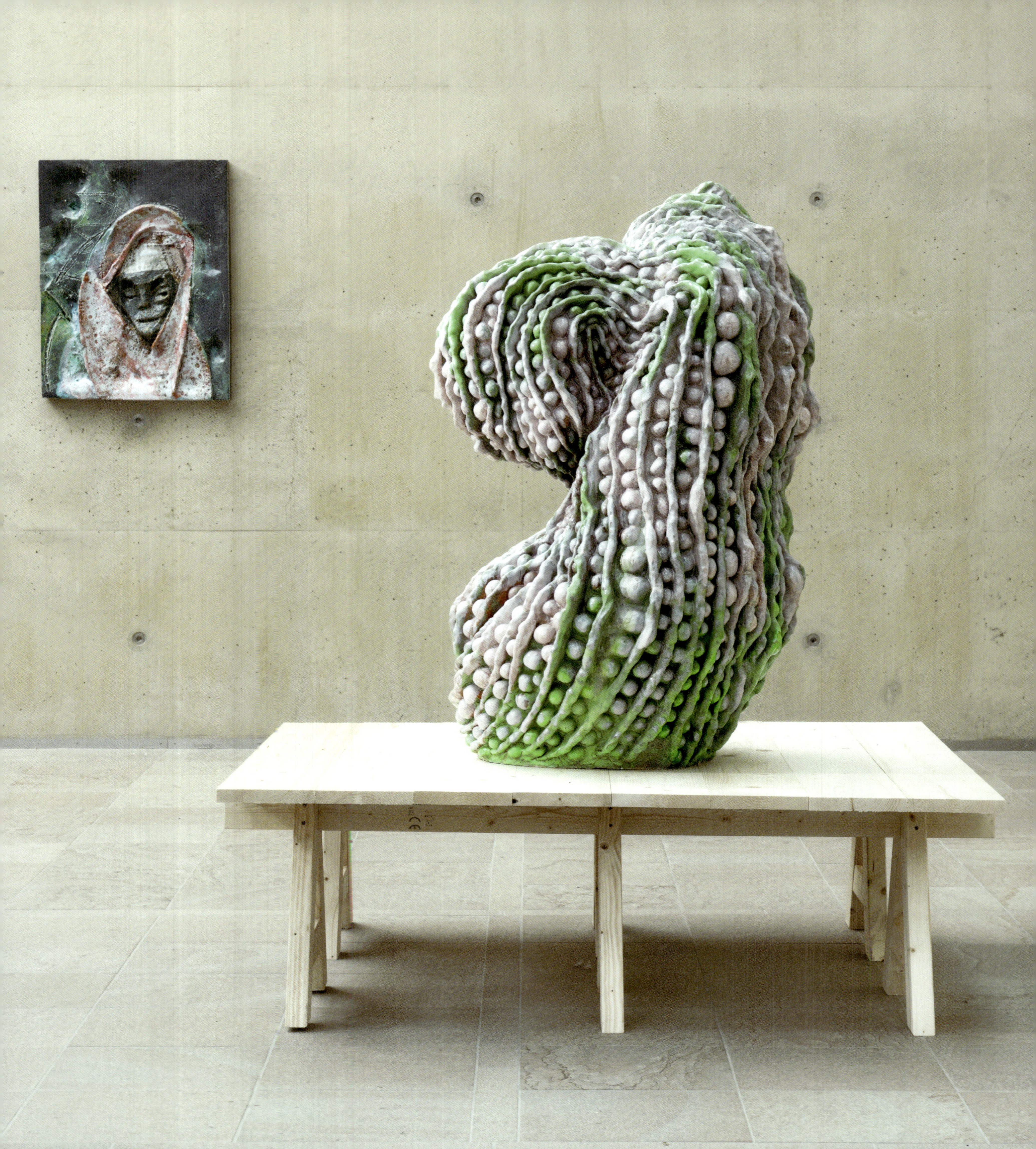

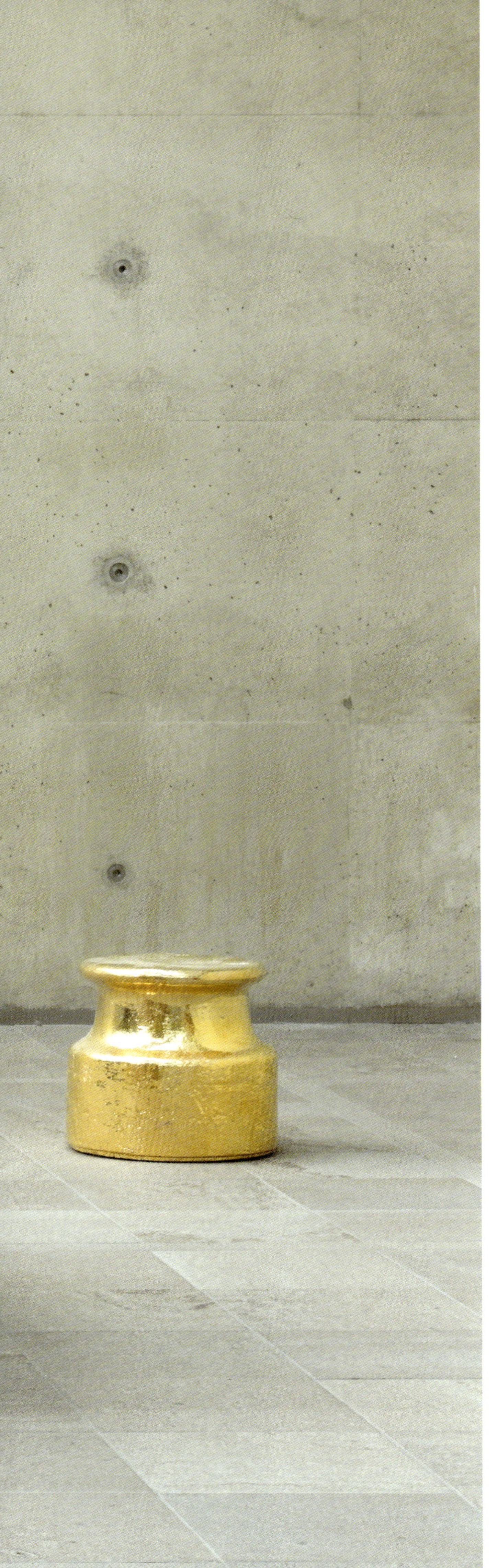

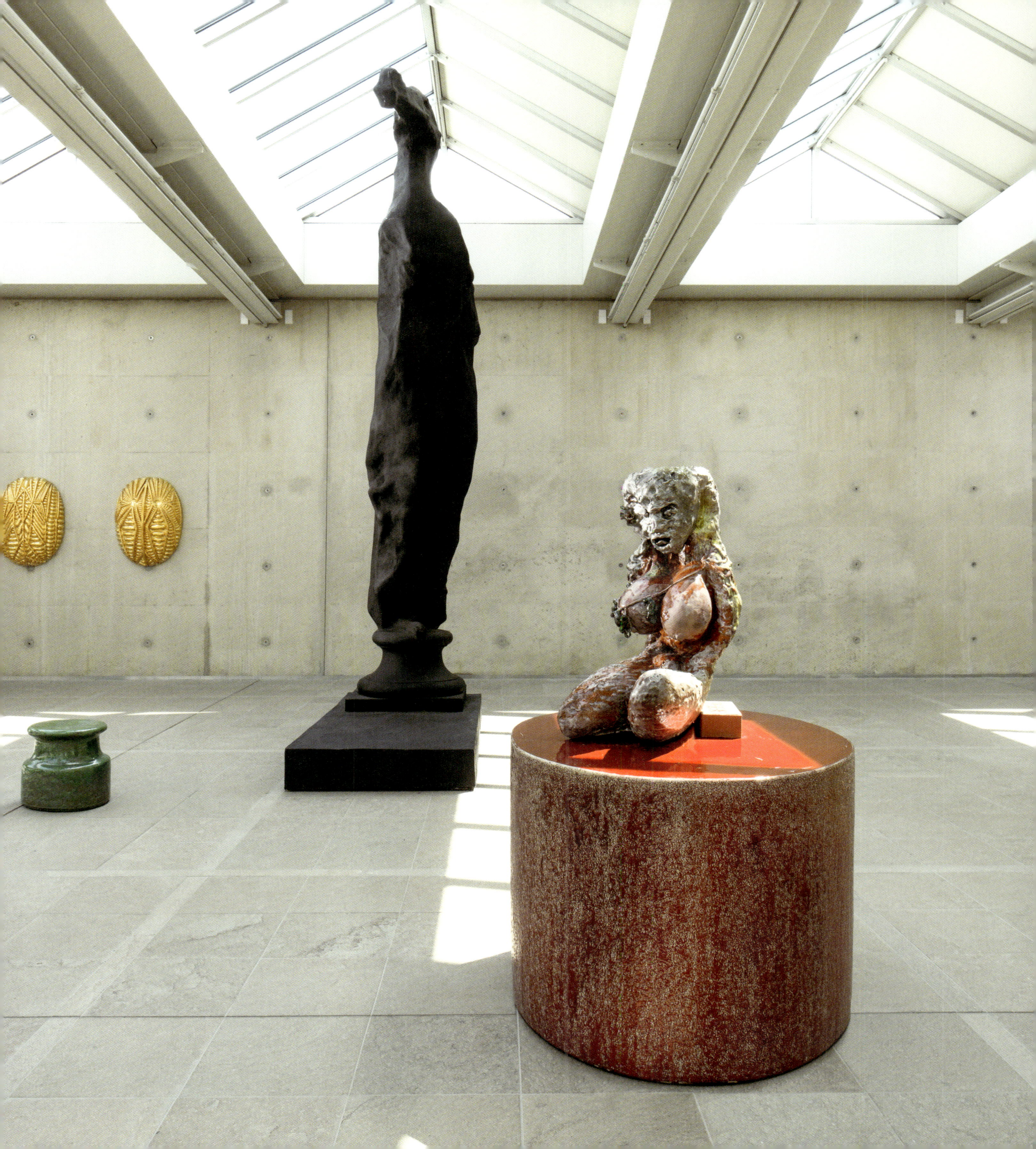

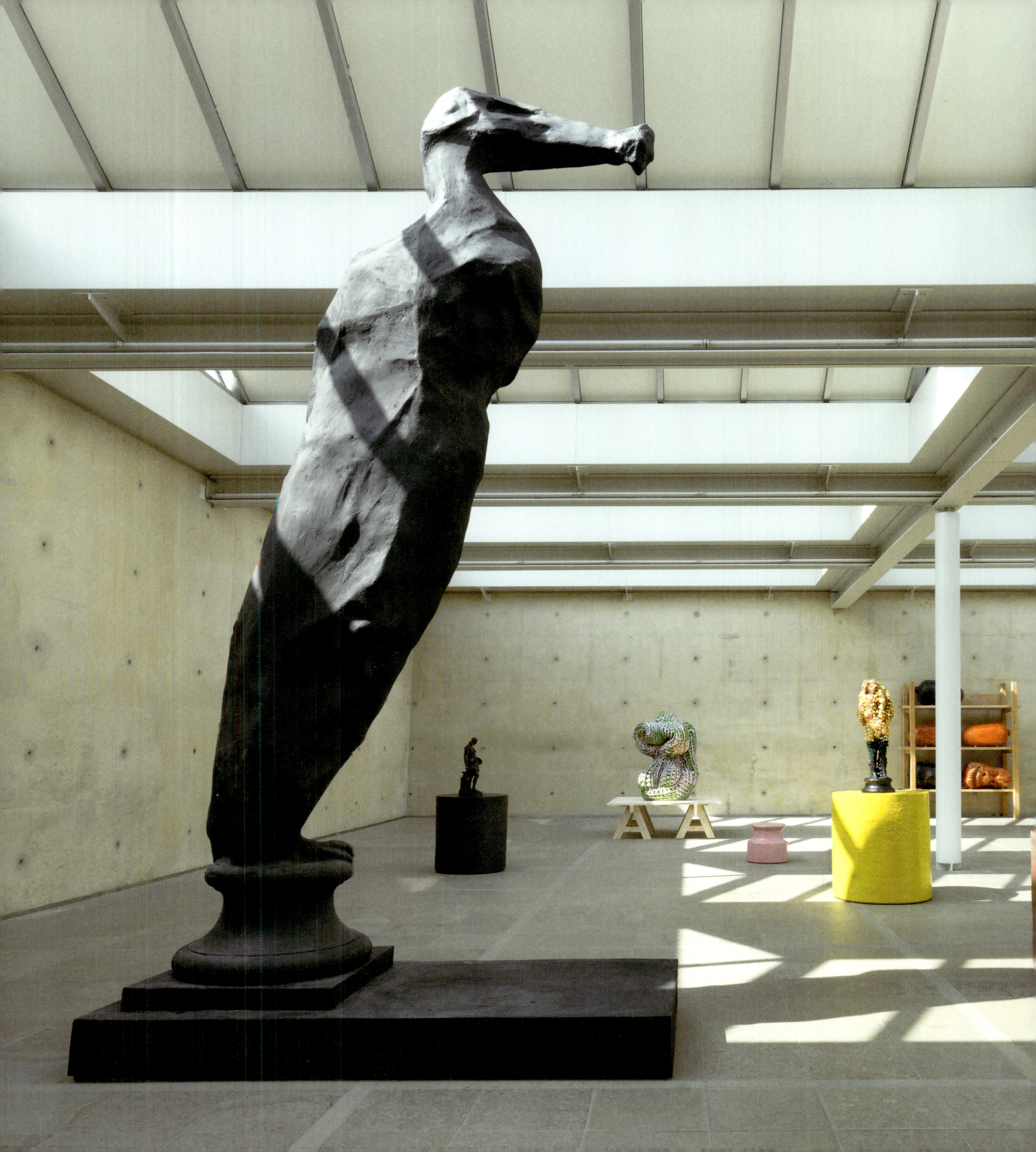

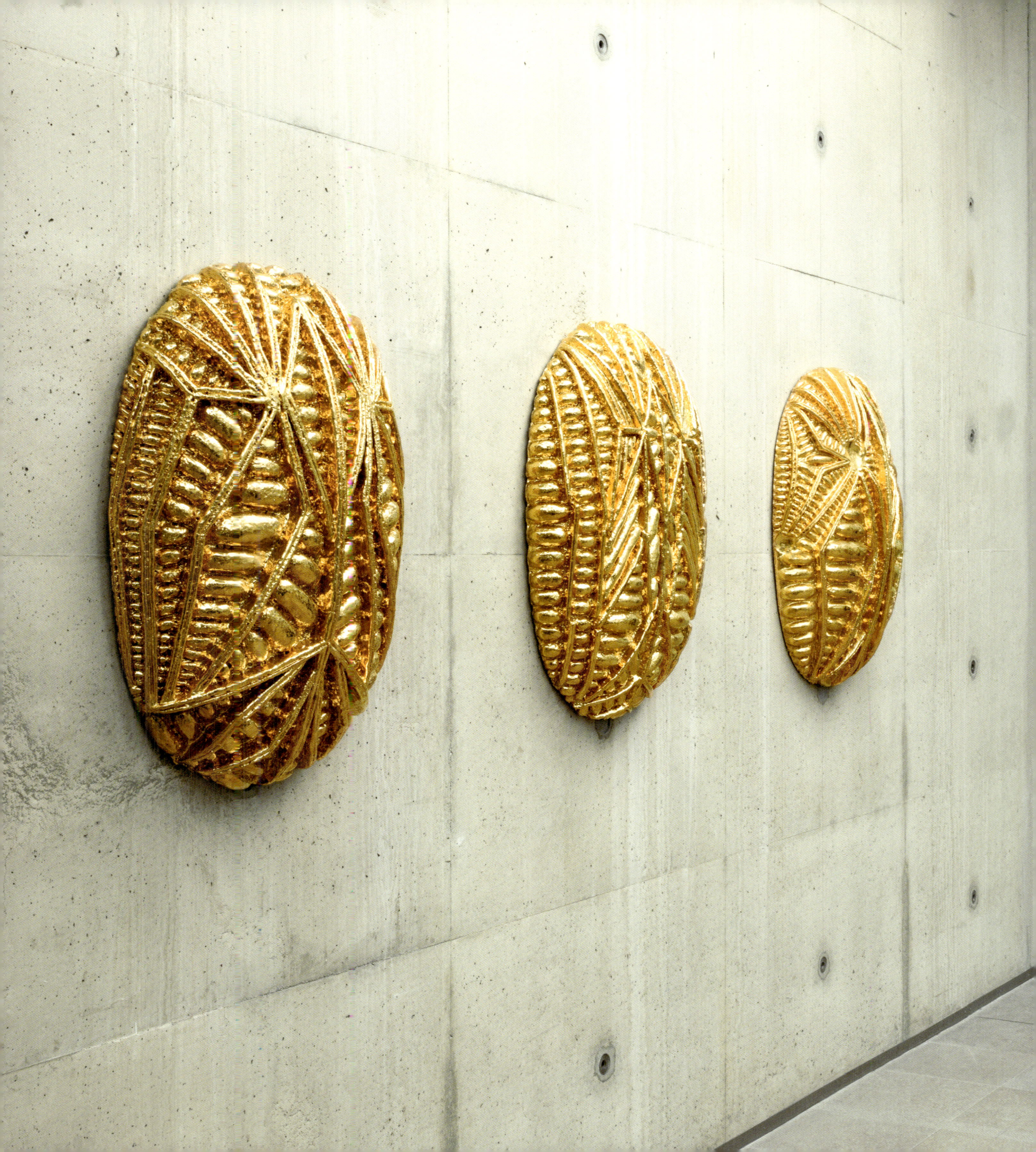

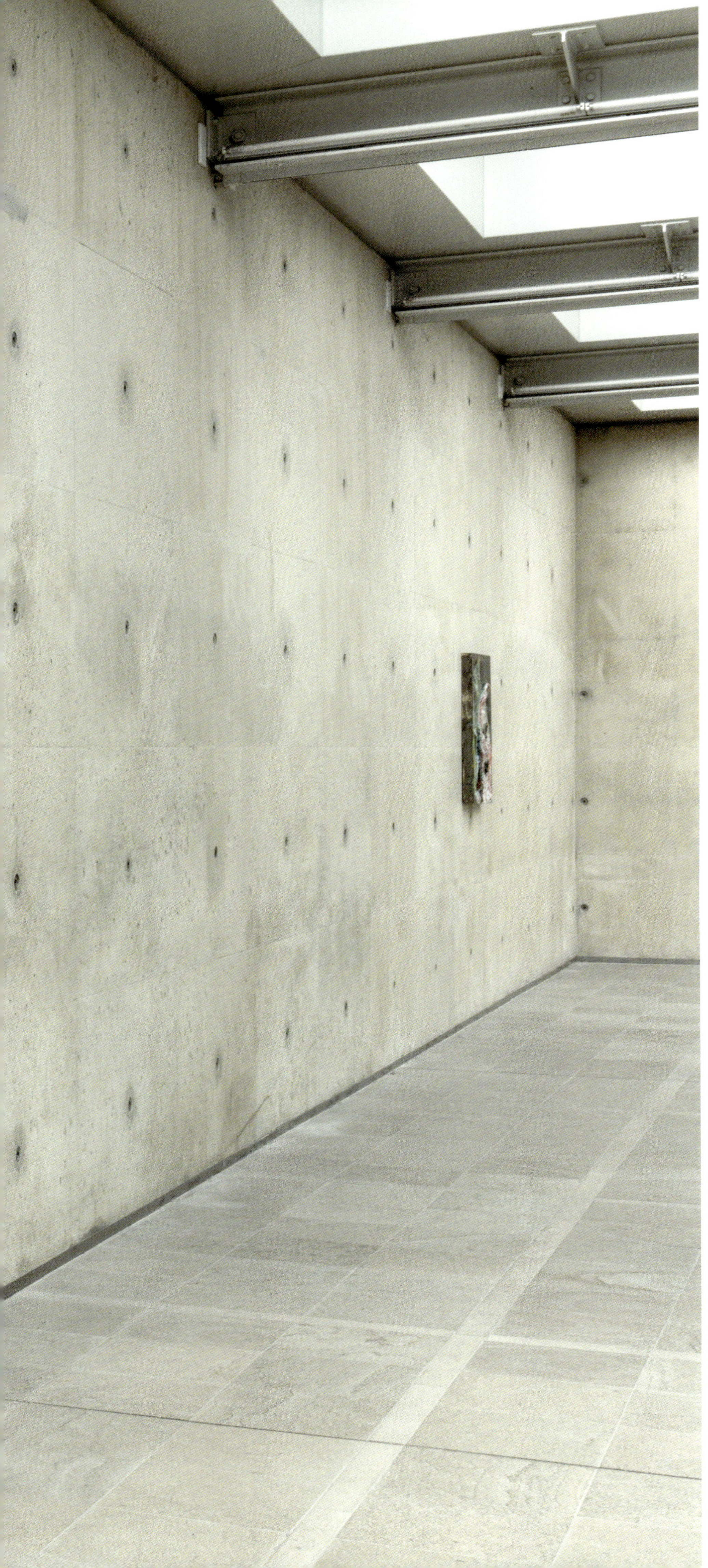

13 — **GLORY-OKVIK I** (2017–2018)
14 — **GLORY-OKVIK II** (2017–2018)
15 — **GLORY-OKVIK III** (2017–2018)

PP. 98–99: 41 — **THE HERRING** (2018)

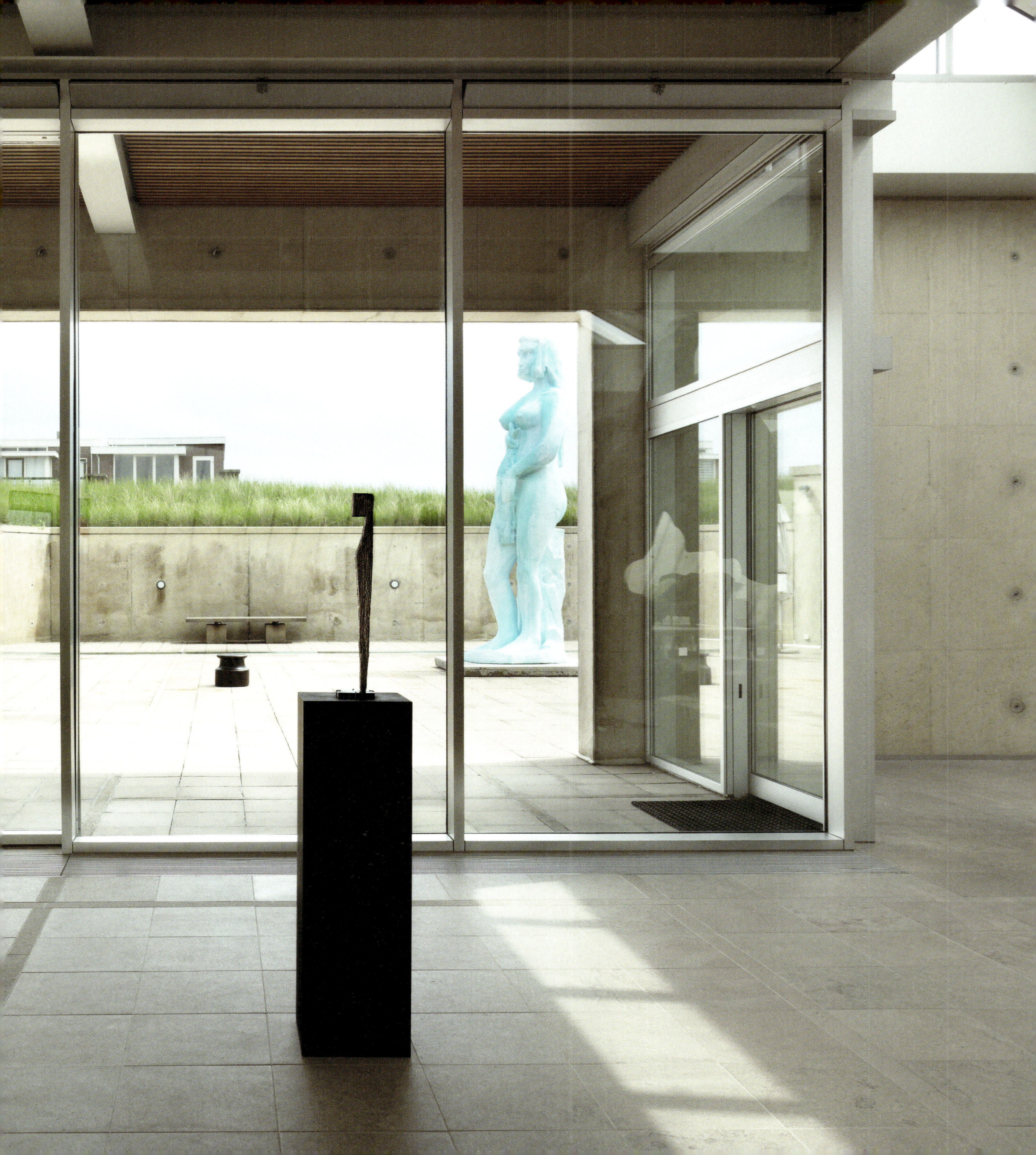

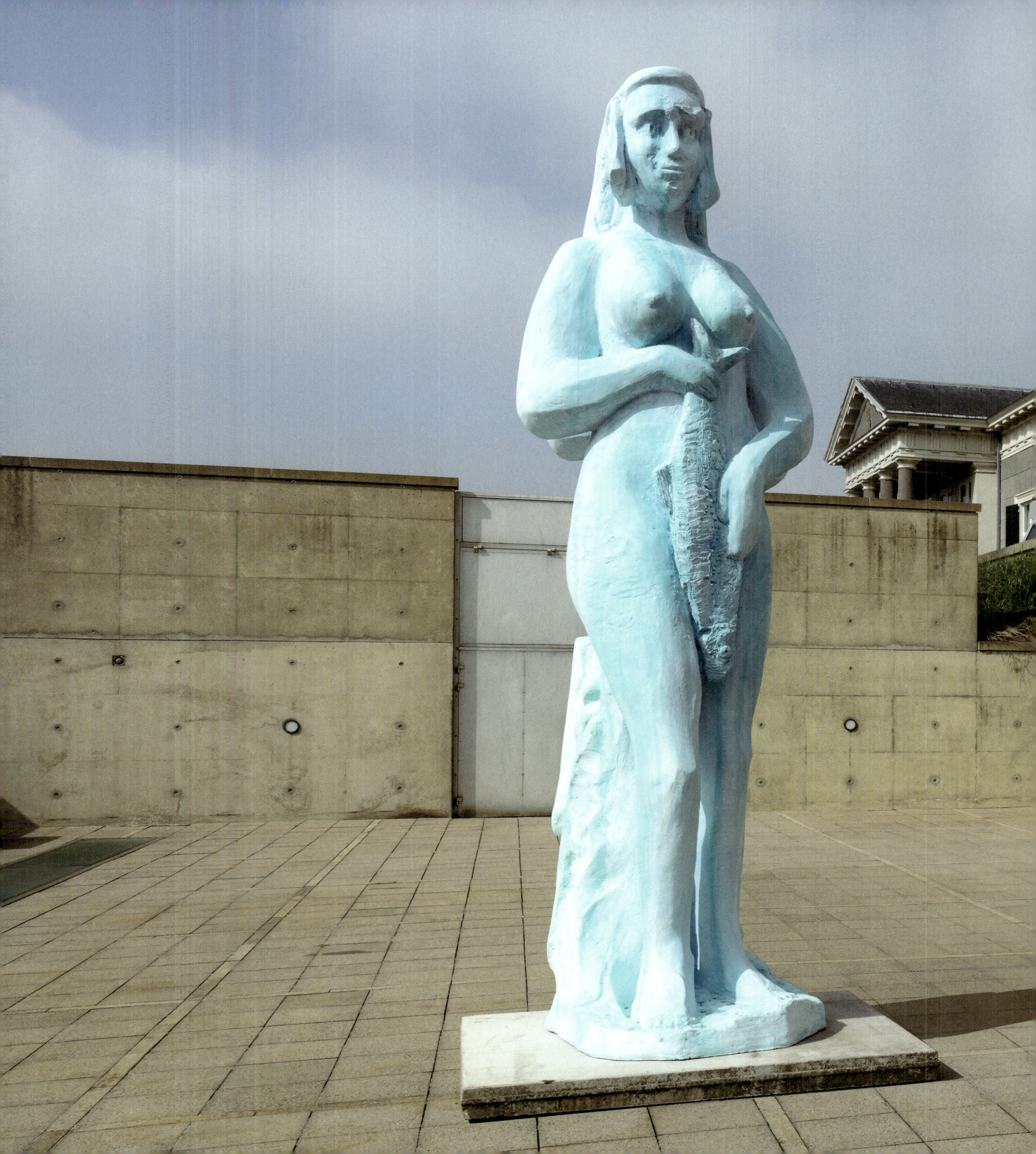

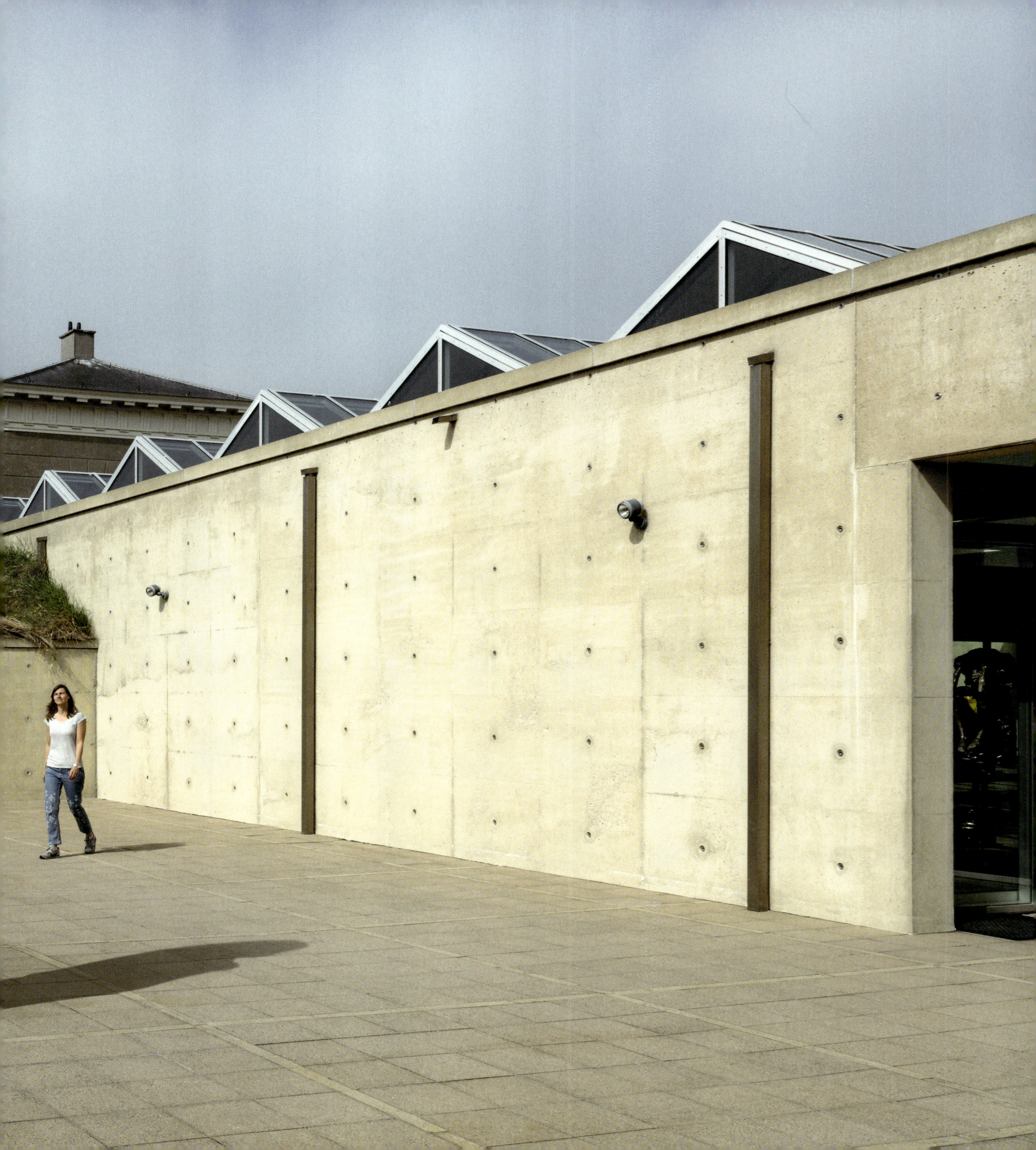

HISTORICAL PIECES

NAKED ROOTS/ NAAKTE WORTELS

MUSEUM BEELDEN AAN ZEE — DEN HAAG

I — **HANIWA HEAD** (4th–6th century AD)

· Low-fired red terracotta, mounted
  on an ebonized base
· Sculpture: 18.5 x 10.5 x 10 cm
· Base: 13.5 x 12 x 12 cm
· Origin: Japan, Kofun Period
· Thermoluminescence analysis
  report no. N114e26, realized by
  Oxford Authentication Ltd.
· Numbered on the base EE0603
  10–14 and Artancient 26011–217

Provenance
· Formerly in the possession of
  Mr. E. Elisofon, gifted by
  Mr. Noguchi and acquired 1950s
· Acquired from ArtAncient,
  London, UK

Comparative Literature
· Lawrence Smith, Victor Harris,
  Timothy Clark, *Japanese Art:
  Masterpieces in the British
  Museum,* exh. cat. British Museum
  Press, Ed. Lawrence Smith,
  London, United Kingdom, 1988,
  p. 20
· Miki Fumio, Charles Tuttle: North
  Clarendon, *Haniwa: The Clay
  Sculpture of Proto-Historic Japan,*
  Tokyo, Japan, 1960
· *Haniwa, clay images,* Ed. Falconer,
  Japan, 1956
· Miki Fumio, *Haniwa,* translated by
  Gina Lee Barnes, Ed. Weatherhill/
  Shibundo, Tokyo, Japan, 1967
· *Haniwa, Gardiens d'éternité des
  Ve et VIe siècles,* cat. Exp. Maison
  de la culture du Japon à Paris /
  Fondation du Japon, Paris,
  France, 2001

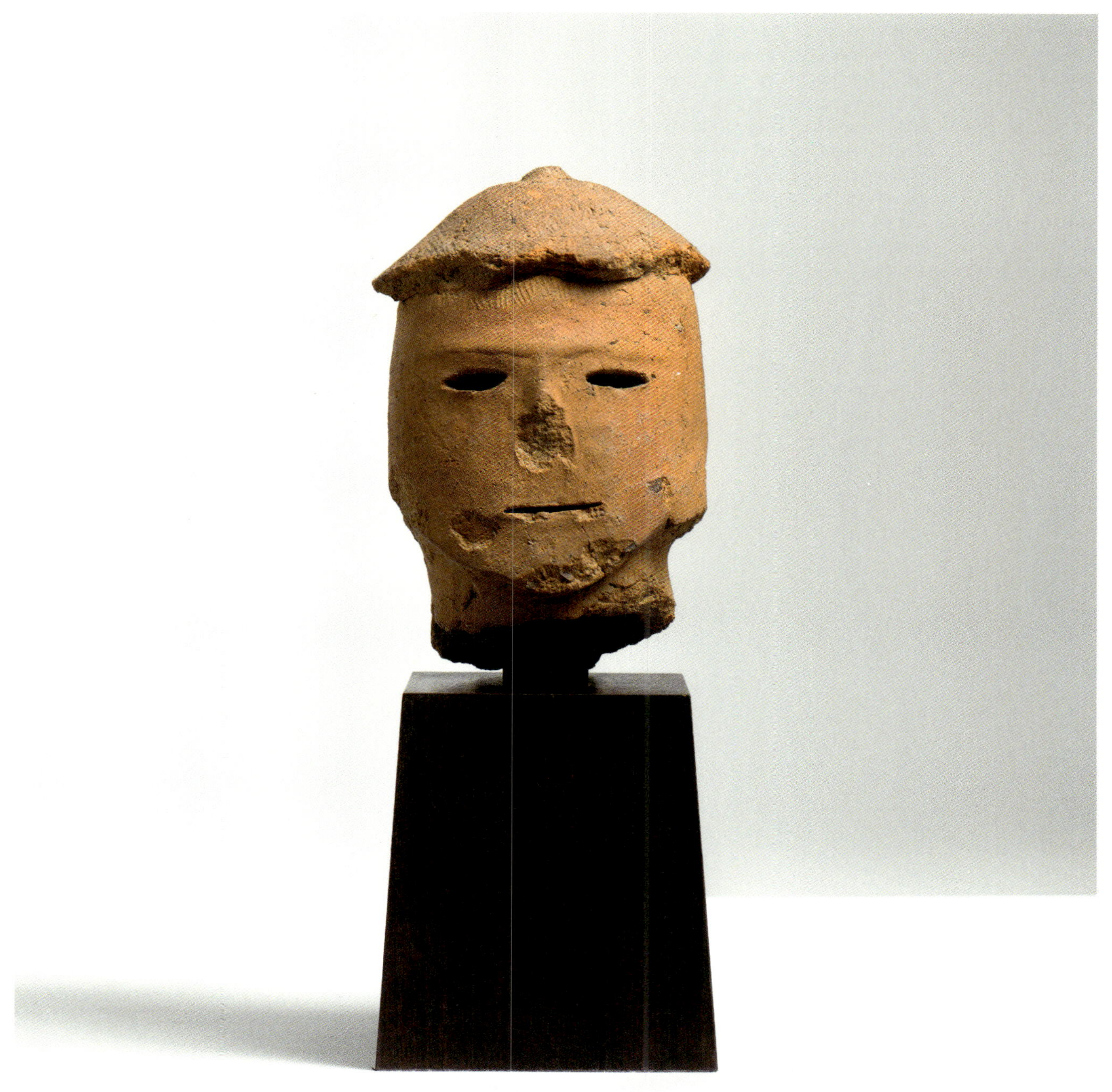

II — **SAINT SEBASTIAN** (probably ca. 1500)

- Ivory mounted on wooden base
- Sculpture: 37 x 7 x 5.5 cm
- Base: 3 x 12 x 11 cm
- Origin: Germany or France or possibly Indo-Portuguese of a later date

Provenance
- Before 1960 collection of Joseph Sayag
- Former collection of Mr and Mrs Gaillard Felix
- Former collection Mathieu Sismann

Literature
- Maurice Rheims, J. Sayag, *Objets d'art de haute-époque, tableaux anciens, objets de Fabergé, art d'extrême-orient, dessins, aquarelles, gouaches, tableaux modernes: [vente à Paris, Palais Galliera, le vendredi 16 juin 1961]*, Paris, Reims, 1961
- Gabriela Sismann, *European Sculpture / 1000–1800*, Galerie Sismann, Paris, France, 2017, no. 6, pp. 20–21

Exhibition History
Sale exhibition: *Collection Joseph Sayag et Divers Amateurs*, Palais Galliera, Paris, France, 1961

Dürer intended the work to represent both an idealised vision of 15th-century beauty, and an homage to classical sculpture. According to the legend, Saint Sebastian was martyred by Roman emperor Diocletian for his Christian faith. By the 16th century, artists were using Christian tales as a way to portray the humanistic nude body. The four arrows piercing Sebastian's body represent a symbolic wounding of a flawless body. The saint's pose echoes the Crucifixion, and like the savior, Saint Sebastian is said to have risen from the dead, though in his case to punish those who have persecuted Christians for their beliefs. The engraving is an early example of the use of contrapposto in Western art and one of the first depictions of the harmonic balance between opposing forces (in this case the arrows and the flesh).

Dürer wilde dat het werk zowel eer geïdealiseerde visie op 15de-eeuwse schoonheid zou zijn als een hommage aan de klassieke sculptuur. Volgens de legende moest Sint-Sebastiaan op last van de Romeinse keizer Diocletianus de marteldood sterven omdat hij zijn christelijk geloof niet wilde afzweren. In de 16de eeuw gebruikten kunstenaars de christelijke martelaarsverhalen als voorwendsel om het menselijke naakte lichaam te kunnen afbeelden. De vier pijlen die Sebastiaans lichaam doorboren, staan voor een symbolische verwonding van een verder perfect lichaam. De houding van de heilige herneemt die van de gekruisigde en, net als Christus, zou Sint-Sebastiaan uit de dood zijn opgestaan — in zijn geval echter om diegenen die de christenen om hun geloof vervolgden, te straffen. De gravure is een vroeg voorbeeld van het gebruik van contraposto in de Westerse kunst en een van de eerste weergaven van het harmonische evenwicht tussen tegengestelde krachten (in dit geval de pijlen en het vlees).

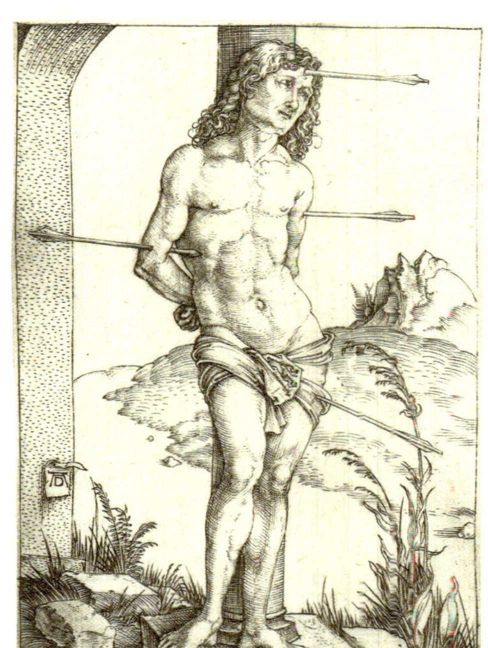

Albrecht Dürer
(German, 1471–1528),
Saint Sebastian Bound to the Column, ca. 1498–1499
Engraving on sheet
of paper
10.9 x 7.9 cm
National Gallery of Art,
Washington D.C., USA

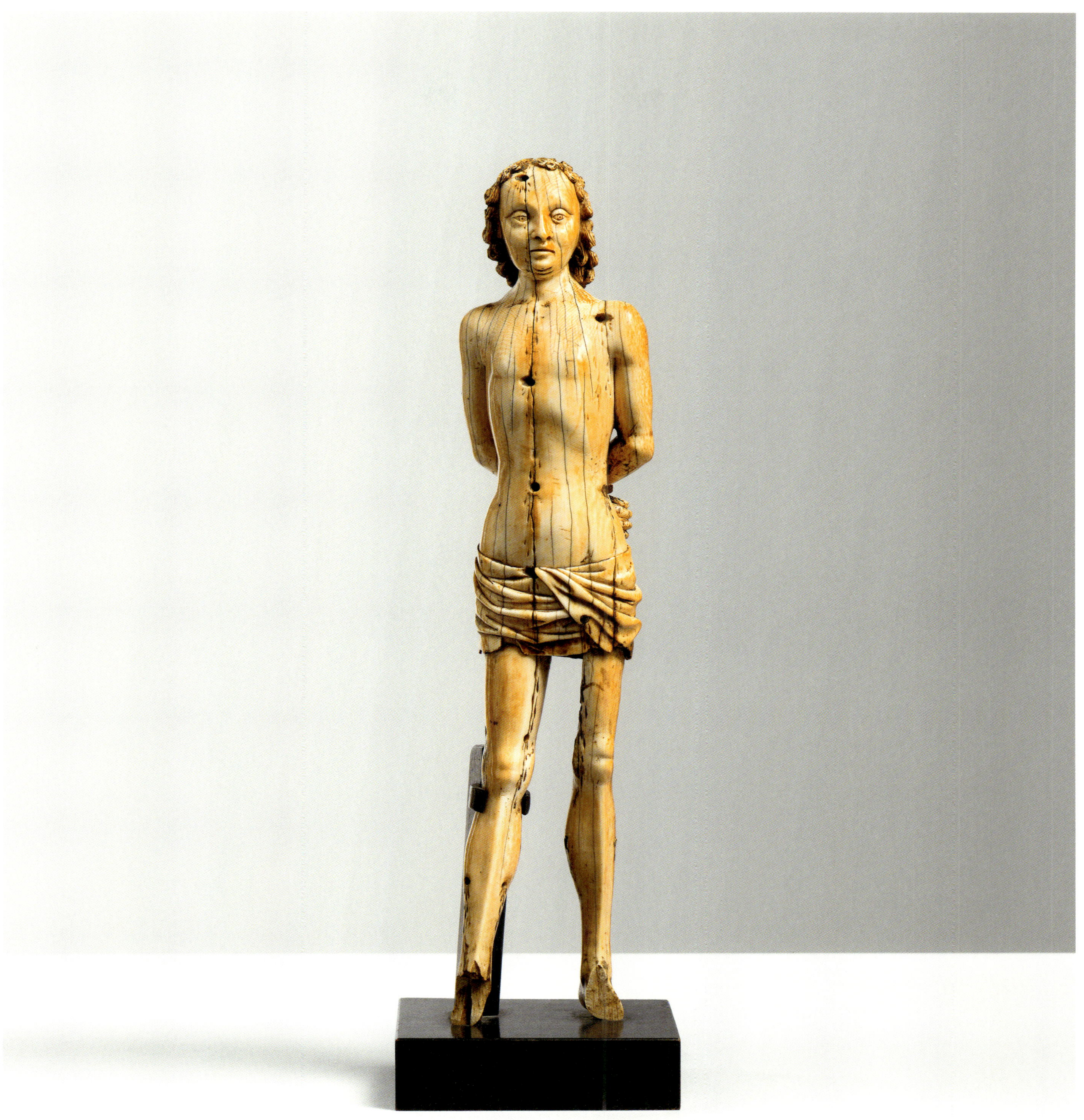

III — **VENUS** (ca. 1588)
Attributed to the workshop of Girolamo Campagna (1549–1625?)

· Patinated bronze, lost wax casting
  on an ebonized fruitwood base
· Sculpture: 37.5 x 10.5 x 10 cm
· Base: 11.5 x 13.5 x 13.5 cm
· Origin: Venice, Italy

Provenance
· Acquired by Abbot Guggenheim
  at Sotheby's London, 14 July 1972,
  lot 92
· Acquired at Christie's New York,
  27 January 2015, lot 15

Literature
· Margaret Schwartz, Francesca
  Bewer, Henry Lie, Frits Scholten,
  *European Sculpture from the
  Abbott Guggenheim Collection*,
  Sotheby's New York, 2008,
  pp. 108–109, no. 51
· Laura Camins, *Renaissance &
  Baroque Bronzes from the Abbott
  Guggenheim Collection*, Fine Arts
  Museums of San Francisco, USA,
  1988, no. 13, pp. 48–49

Comparative Literature
· V. Krahn, *Bronzetti Veneziana –
  Die venezianschen Leinbronzen
  der Renaissance aus dem
  Bode*, Museum Berlin, 2003,
  nos. 36–37, 40
· Wladimir Timofiewitsch,
  *Girolamo Campagna: Studien zur
  venezianischen Plastik um das Jahr
  1600*, Munich: W. Fink, Munich,
  Germany, 1972

Exhibition History
· *Renaissance and Baroque Bronzes
  from the Abbott Guggenheim
  Collection*, Museum of Fine Arts,
  San Francisco, USA, 1988

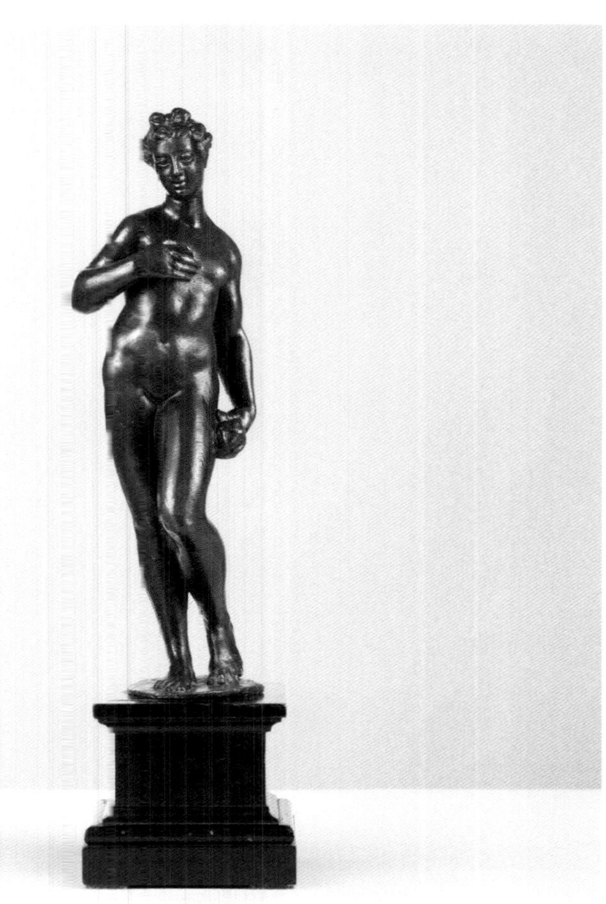
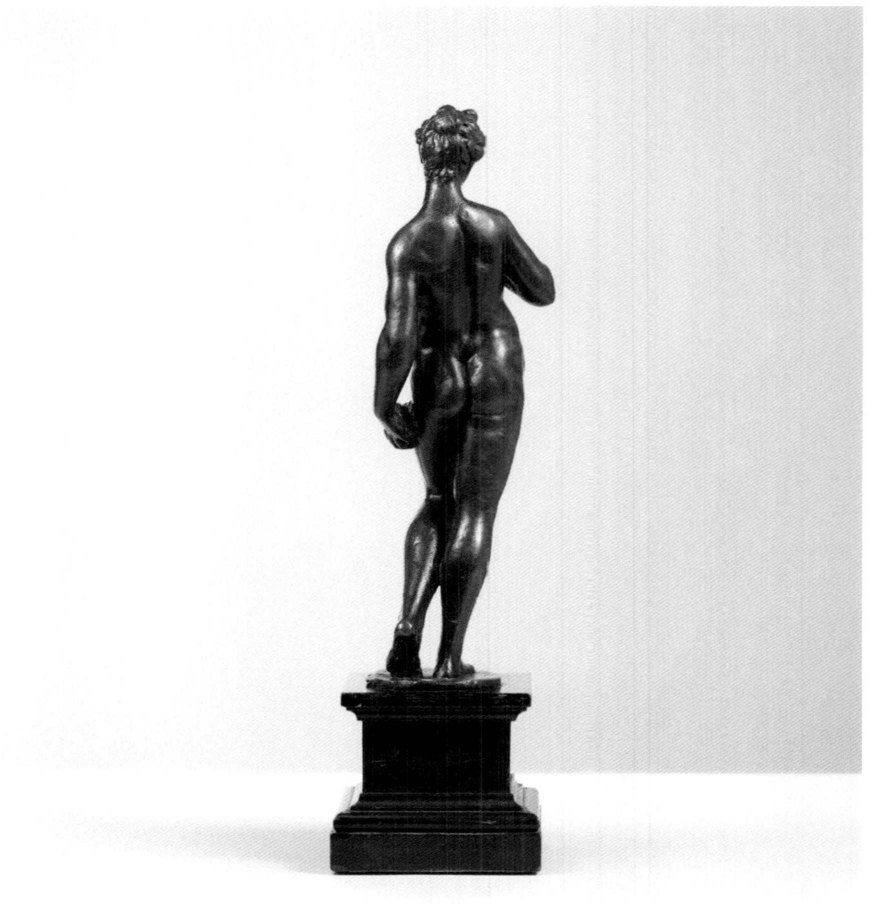

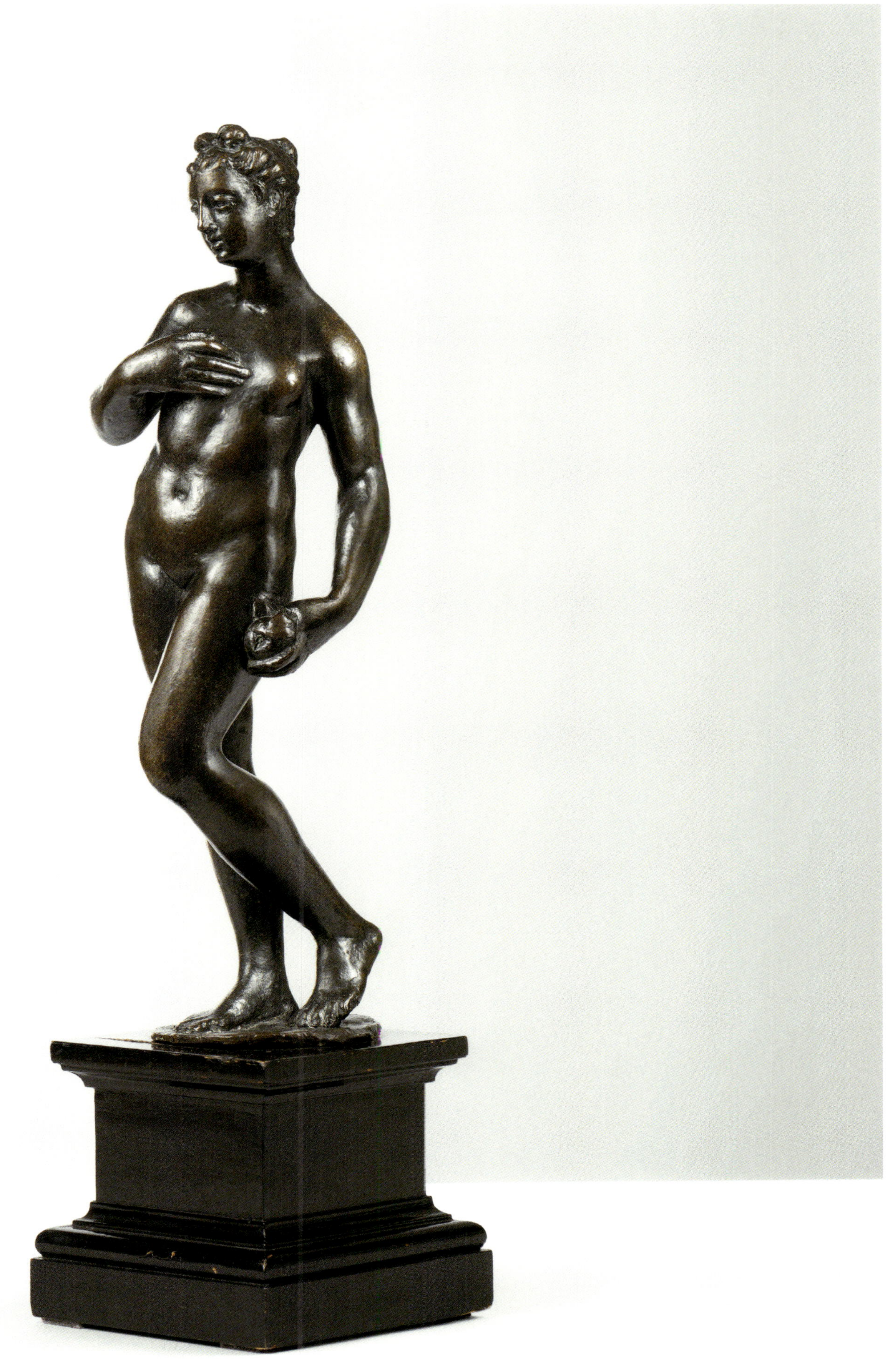

IV — **OKVIK TORSO** (300 BC – 100 AD)

· Engraved walrus ivory mounted
  on a bronze base
· Sticker on the base of Galerie
  Meyer, indicating N° 6-138
· Sculpture: 14.5 x 5.5 x 1.5 cm
· Base: 4.5 x 6 x 4.5 cm
· Origin: Okvik Culture,
  Saint Lawrence Island,
  Old Bering Sea, Alaska

Provenance
· Former collection of
  Michel Boulanger, Liège
· Former collection of
  Patrick Mestdagh
· Former collection of
  Anthony Meyer

Literature
· *Art d'Afrique, d'Océanie et
  d'Amérique du Nord*, sale cat.
  Sotheby's Paris, N° 3630, Jeudi
  11 Décembre 2014, p. 19, lot. 112
· Steven Hooper, *Robert and Lisa
  Sainsbury Collection, Volume II:
  Pacific, African and Native North
  American Art*, ed. Yale University
  Press in association with the
  University of East Anglia Norwich,
  London, United Kingdom, 1997,
  pp. 222–223

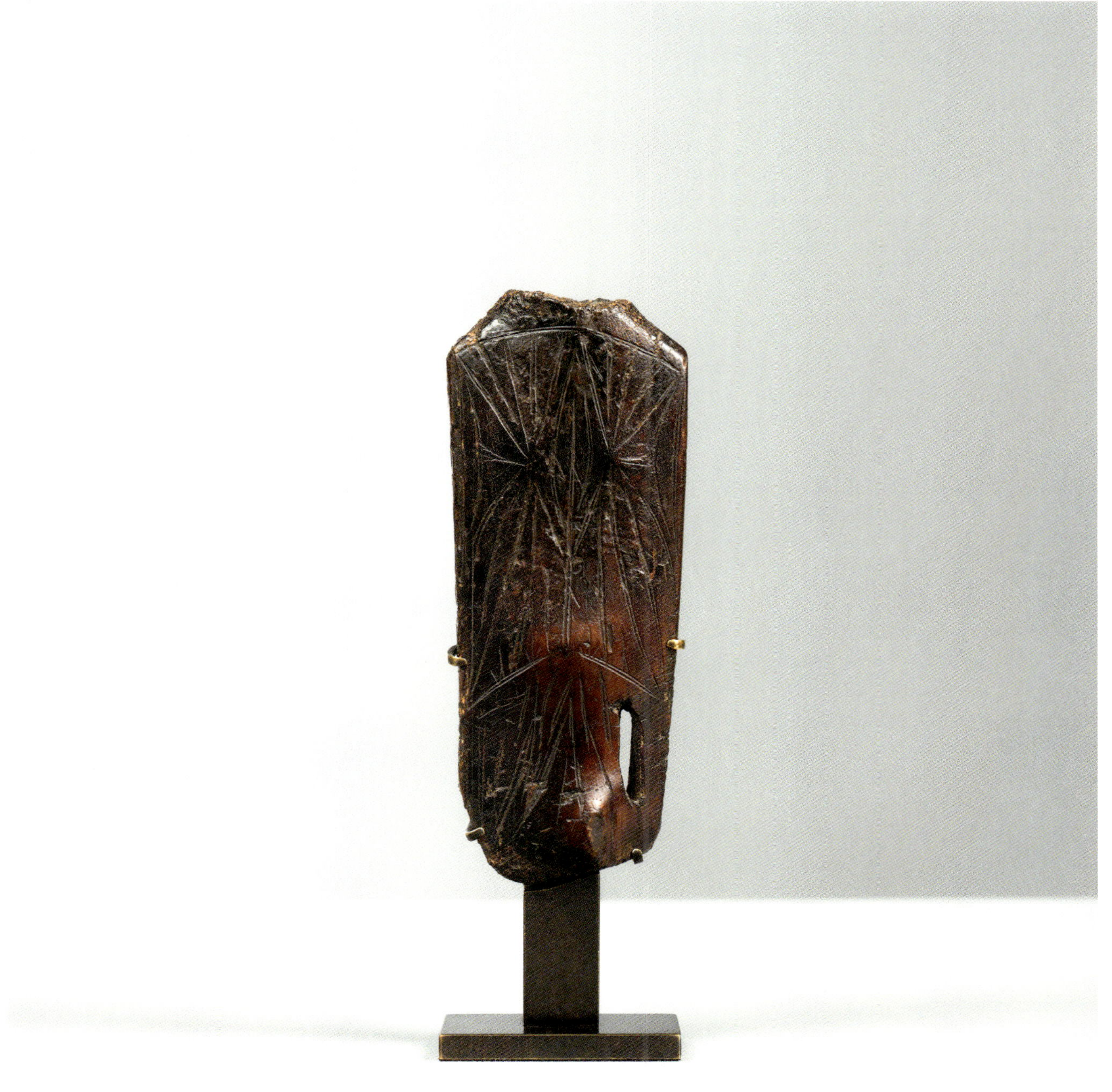

V — **BRONZE APPARATUS FOR HEATING LIQUIDS** (early 19th century)

· Patinated bronze, lost wax casting
· 52.5 x 51 x 51 cm

Provenance
· Acquired on the art market, France

Literature
· *Real Museo Borbonico*, Is ted.
In 16 vols, Naples 1824–1857;
subsequent ed. with major
alterations, in 9 vols,
Rome 1837–1845
· Amanda Claridge and John Ward-
Peklins with additions by the
Department of Classical Art,
Museum of Fine Arts, Boston,
Pompeii AD 79, cat. exp. Museum
of Fine Arts, Boston, USA, 1978,
pp. 172–173 (see extract)

After the original bronze from
the Naples Museum, inv. 72986,
discovered in a villa near Stabiae.

Original bronze exhibited
internationally for *Pompeii
AD 79* at:
· The National Gallery of Victoria,
Melbourne, Australia, 1980–1981
· The Art Gallery of South Australia,
Adelaide, Australia, 1980–1981
· The Art Gallery of New South Wales,
Sydney, Australia, 1980–1981
· The American Museum of Natural
History, New York, USA, 1978–1979
· The Museum of Fine Arts, Dallas,
USA, 1978–1979
· The Art Institute of Chicago,
USA, 1978–1979
· The Museum of Fine Arts,
Boston, USA, 1978–1979
· The Louisiana Museum of Modern
art, Humlebæk, Denmark, 1977–1978
· The Royal Academy, London,
UK, 1976–1977

Rather like a samovar, this apparatus
was designed to maintain a
continuous supply of hot wine or any
other hot fluid. The liquid was poured
into a gently tapering, churn-shaped
container (A) with a hinged lid; from
this it was free to pass through a
tall, narrow duct (B) into the hollow
walls of a cylindrical fire-box (C),
from which it could be drawn off
as required through a tap (D) in the
shape of a lion's head. The source of
heat was a charcoal fire in the middle
of the fire-box. Fuel could be stored
in the square, four-legged tray, which
also served to contain the ashes.
As long as the level of the liquid
within the main container was kept
above that of the tap, a constant
piping-hot supply was assured.
In addition to the tap there are a
number of applied bronze fittings:
on the main container, a comic actor's
mask and a handle in the form of a
miniature bust of Mercury; on the rim
of the fire-box, three swans poised for
flight, and on the tray, four legs in the
form of sirens, and four drop handles.
(MB 4 – Rome 1841) pl. XX.

Dit toestel was, vergelijkbaar met een
samovar, bedoeld om te voorzien in
een constante voorraad warme wijn
of een andere warme vloeistof. De
vloeistof werd in een lichtjes spits
toelopend, tonvormig recipiënt (A)
met een scharnierend deksel
gegoten; van hieruit stroomde ze
via een hoge, smalle buis (B) in de
holle wanden van een cilindrische
vuurketel (C). Door middel van een
leeuwenkopvormig kraantje (D) kon
de vloeistof naar believen worden
afgetapt. De warmtebron was een
houtskoolvuur in het midden van de
vuurketel. De brandstof kon worden
opgeslagen in de vierkante schaal
op vier poten, die ook diende om de
as op te vangen. Zolang het niveau
van de vloeistof in het hoofdvat
boven dat van de kraan bleef, was
een constante gloeiendhete voorraad
drank verzekerd. Naast de kraan
is het toestel nog voorzien van
bronzen decor en beslag: op het
hoofdvat bevindt zich een komisch
acteursmasker en een handvat in
de vorm van een miniatuurbuste
van Mercurius; op de rand van de
vuurdoos bevinden zich drie zwanen,
klaar om weg te vliegen; de schaal
heeft vier poten in de vorm van
sirenes en vier hangende handgrepen.
(MB 4 – Rome 1841) pl. XX.

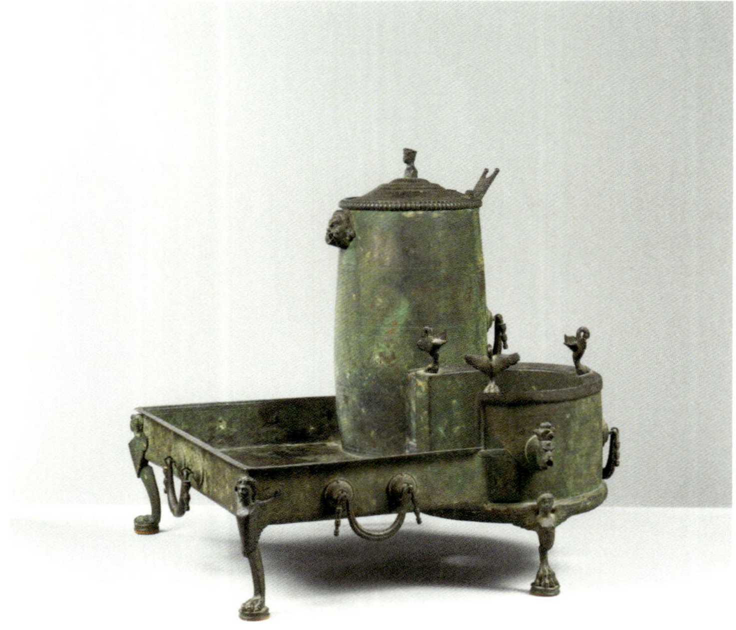

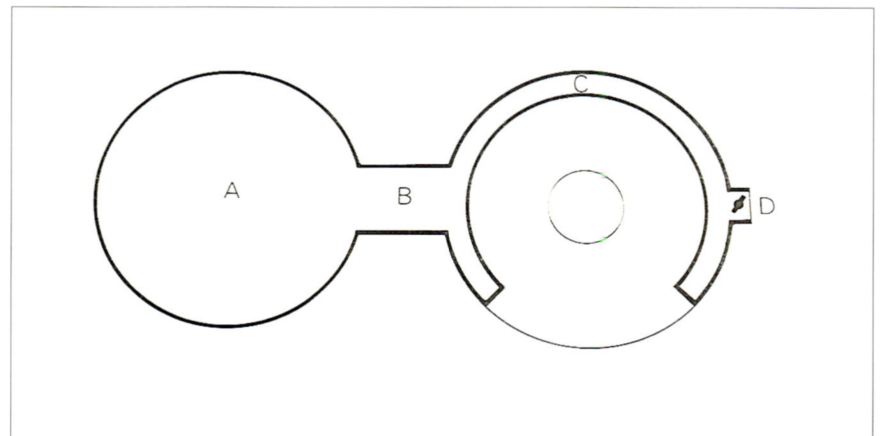

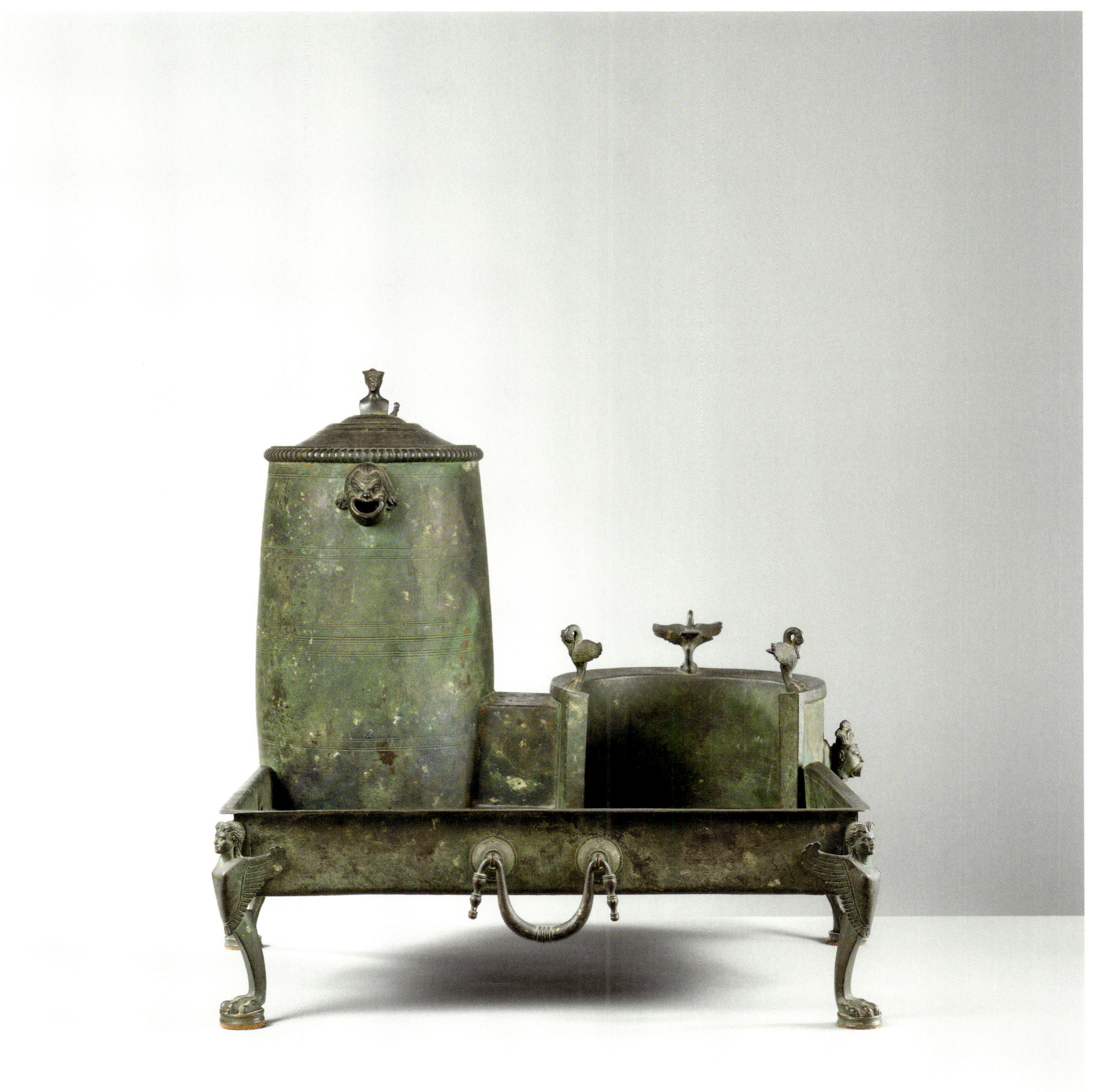

VI — **SOUTH ARABIAN ALABASTER HEAD** (1st century BC – 1st century AD)

· Alabaster on wooden base
· Sculpture: 12.5 x 7 x 9 cm
· Base: 4 x 7.7 x 7.7 cm
· Origin: South Arabian, Yemen

Provenance
· Ralph Hinshelwood, OBE
  (1924–2006) collection, UK
· And thence by inheritance
· Acquired at Bonhams London,
  Sale 24098, lot 197, July 6th 2017

Comparative Literature
· *Queen of Sheba, Treasures of
  Ancient Yemen*, St. John Simpson
  (ed.), The British Museum Press,
  London, UK, 2002

In 1955, Ralph Hinshelwood Daly joined the Colonial Service and was posted to the Aden Protectorates that today form the Republic of Yemen. It was here that he met and married his wife Elizabeth Anne Daly (née Fenton Wells) and acquired a collection of alabaster sculptures. In 1967, the Aden Protectorates gained independence from Britain, and Ralph, awarded an OBE for his work, retired from the Colonial Service and returned with Elizabeth to Europe, taking their collection of alabasters with them.

Catalogue Note - lot 197, A South Arabian alabaster head, Bonhams, July 6th, 2017

In 1955 trad Ralph Hinshelwood Daly toe tot de Colonial Service (Britse koloniale dienst) en werd naar het Protectoraat Aden gestuurd, de huidige Republiek Jemen. Hier trouwde hij met Elizabeth Anne Daly (geboren Fenton Wells) en begon hij albasten beelden te verzamelen. In 1967 werd het Protectoraat Aden onafhankelijk van de Britten en Ralph kreeg een Order of the British Empire (Orde van het Britse Rijk), verliet de Colonial Service en keerde samen met zijn vrouw Elizabeth en zijn verzameling albast terug naar Europa.

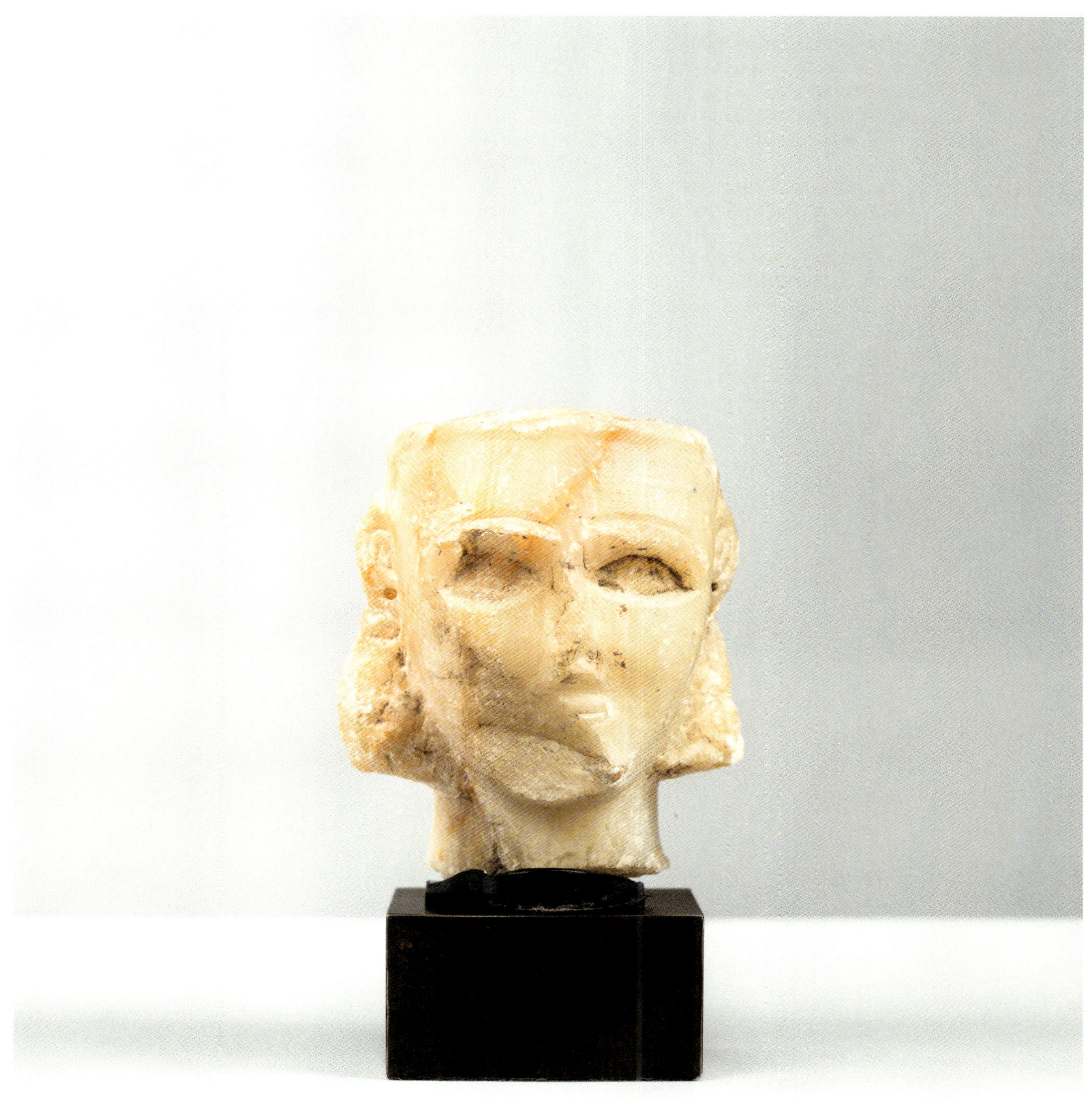

VII — **RAIN SASH** (20th century)

- Cotton, corn dust
- 0.5 x 233 x 25 cm
- Origin: Indian Hopi-Tewa or Hopi

Provenance
Acquired on the art market,
Arizona, USA, 2000

Literature
Diana Fane, *Object of Myth and Memory*, cat. exp. The Brooklyn Museum in association with University of Washington Press, Brooklyn, USA, 1991

Exhibition History
Similar examples exhibited for *Object of Myth and Memory* at:
- The Heard Museum, Phoenix, October 1992–January 1993
- The Oakland Museum, February–May, 1992
- The Brooklyn Museum, New York, October–December, 1991

References
Kathleen Whitaker, with textile-analysis assistance by Susie Hart, *Southwest Textiles, Weaving of the Navajo and Pueblo*, ed. University of Washington Press (Seattle and London) in association with Southwest Museum (Los Angeles), Washington, United States, 2002, p. 378

The white manta is referred to as a bride's robe, or wedding manta, and is a very ancient and indigenous garment. Two white fabrics are given along with a white, plaited "rain" sash, a black-wool manta dress, and a belt. Traditionally these gifts are woven by male members of the groom's family. The bride wears the larger white manta in the marriage ceremony. The other one is wrapped, along with the white sash, and place in a red suitcase she carries. According to tradition, after a woman's spirit is transformed into a cloud person, the loose women's manta permits a gentle rain to fall to earth, while the larger drops fall from the fringes of the white sash (Jeanne, personal communication, 1967).

De witte katoenen manta wordt ook bruidsjurk of huwelijksmanta genoemd en is een heel oud traditioneel kledingstuk. Twee witte manta's worden samen met een witte, geplooide 'regen'-sjaal, een zwarte wol en manta-jurk en een ceintuur geschorken. Traditioneel worden deze geschenken geweven door de mannelijke leden van de familie van de bruidegom. De bruid draagt de grootste witte manta tijdens de huwelijksceremonie. De andere zit, samen met de witte sjaal, opgeplooid in een rieten koffer die ze meedraagt. Volgens de overlevering zorgt de losse manta ervoor dat, nadat de geest van de vrouw in een wolkpersoon is veranderd, er een malse regen valt, terwijl de grotere druppels van de franjes van de witte sjaal vallen (Jeanne, persoonlijke mededeling, 1967).

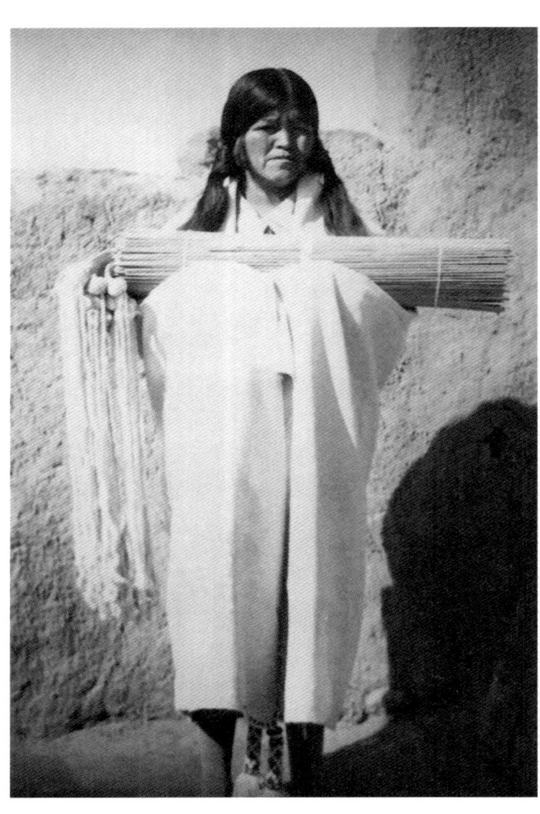

Irene Taliayvaia wearing Hopi *oova*, or wedding robe, and carrying a reed suitcase *(songokaki)*, in which is rolled a second robe *(wayakawa oova)* and white *rain sash (wuko kwewa)*. Also note the *sipolata* (blossom buds), which are the heavy tassels attached to the lower part of her robe. Ms. Taliayvai is identified as a member of the Sun Clan. Photograph taken in August 1933. Photographer Ernes V. Sutton. N. 22127, (fig. 47, p. 378).

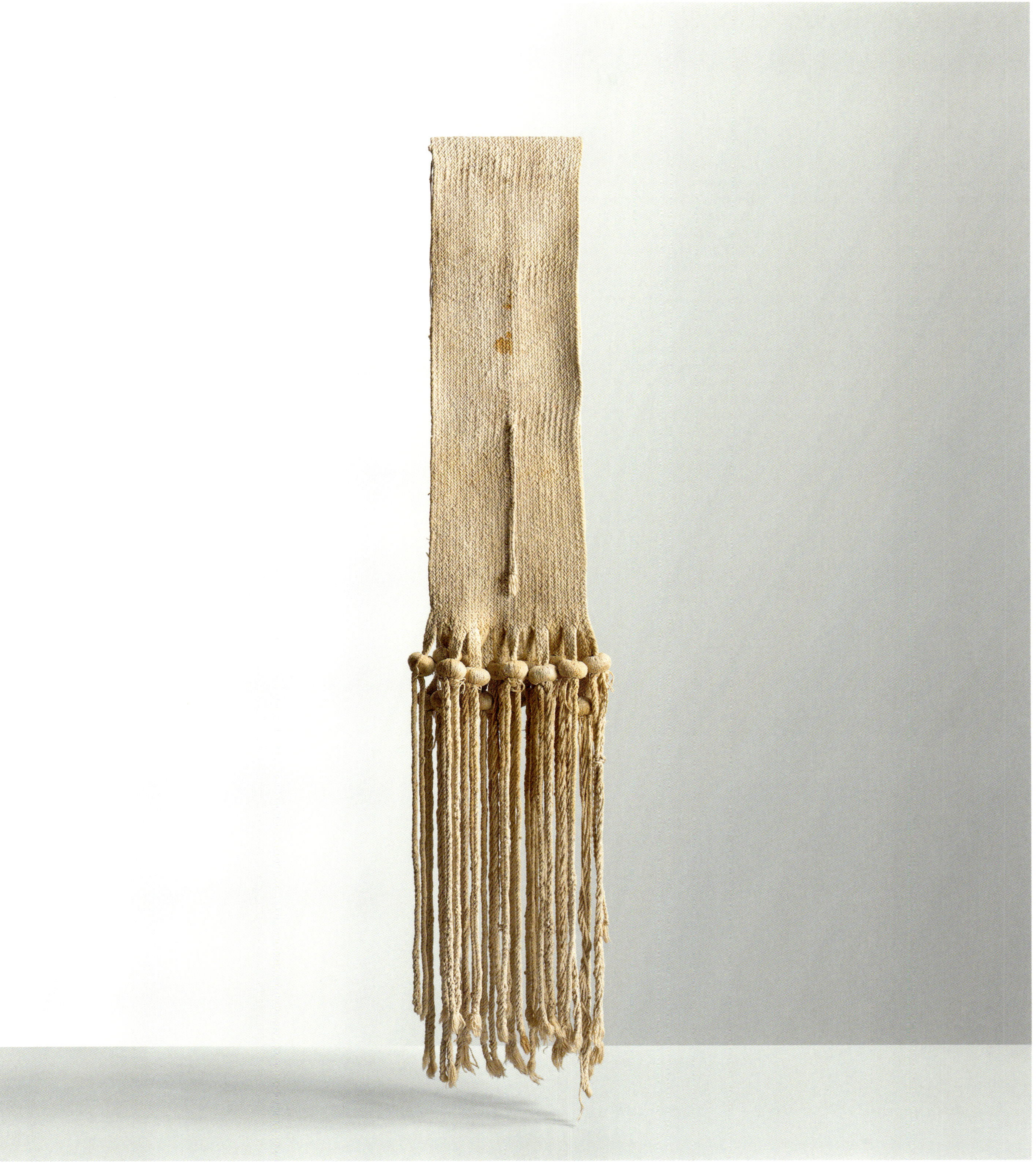

VIII — **BERNARD PALISSY** (1510–1590)
Louis-Ernest Barrias (1841–1905)

· Bronze, lost wax casting,
  dark brown patina
· 61 x 25 x 18 cm
· Signed: E. Barrias
· Inscribed: F. BARBEDIENNE,
  Fondeur Paris, and 413, with the
  REDUCTION MECANIQUE A.
  COLLAS BREVETE pastille;
  on underside inscribed in ink:
  3572g vls.al and stamped E

Provenance
Acquired in London, United
Kingdom, 8 July 2005, lot 117

Literature
Sotheby's, *European sculptures
and works of art*, London,
8 July 2005, pp. 132–133

Barrias's portrait of this seminal
French character was exhibited
at the Salon in bronze in 1881, and
at the Exposition Nationale des
Beaux-Arts in 1883. That bronze
was bought by the city of Paris
and erected in the square of Saint-
Germain-des-Près. Three other
bronze versions were erected
in Boulogne, Villeneuve-sur-Lot,
and at the foot of stairs in the
Sèvre factory. The plaster model
appeared at the Salon of 1880 and
the Exposition centennial in 1900.
This is the third reduction of five
produced by Barbedienne, at 2/5
of the original size.

Catalogue Note - lot 117, Bernard
Palissy, European Sculpture & works
of art sale, Sotheby's, July 08th,
2005

De bronzer versie van Barrias'
portret van deze invloedrijke Franse
keramist werd in 1881 geëxposeerd
op de Salon en in 1883 op de
Exposition Nationale des Beaux-
Arts. Het beeld werd gekocht door
de stad Parijs en op de square van
Saint-Germain-des-Prés geplaatst.
Drie andere bronzen versies werden
opgesteld in Boulogne, Villeneuve-
sur-Lot en aan de voet van de
trapper van de fabriek van Sèvre.
Het gipsen model werd in 1880
geëxposeerd op de salon en in 1900
op de Exposition centennial. Dit is
het derde van vijf door Barbedienne
geproduceerde schaalmodellen
op een schaal van 2/5 van het
oorspronke ijke beeld.

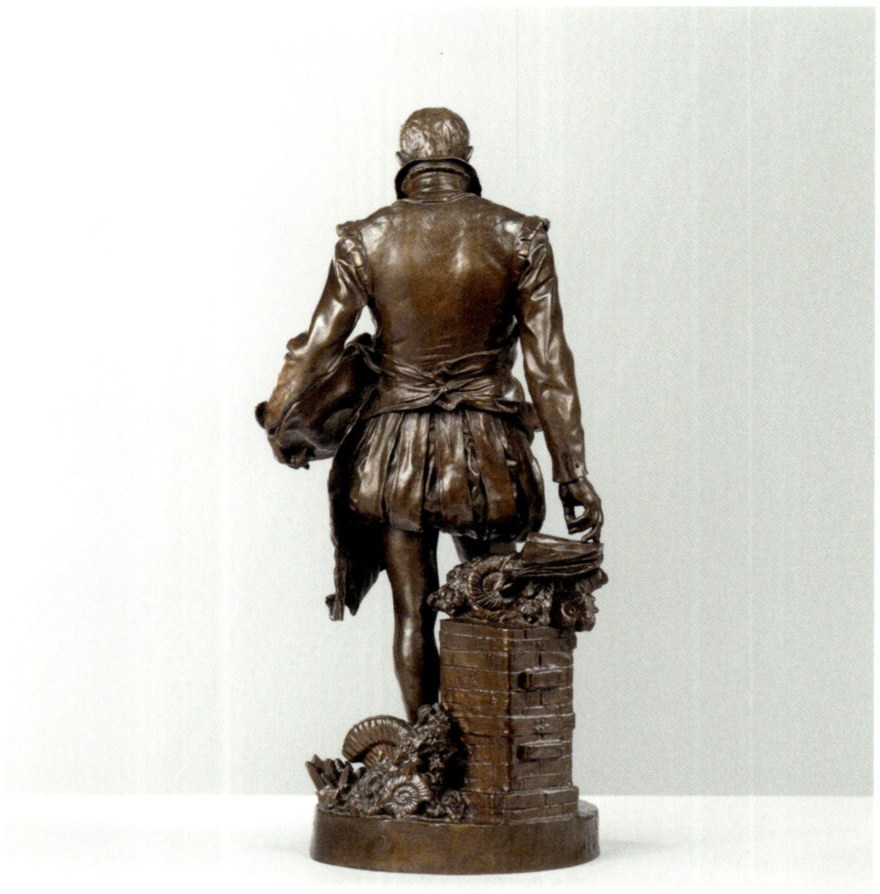

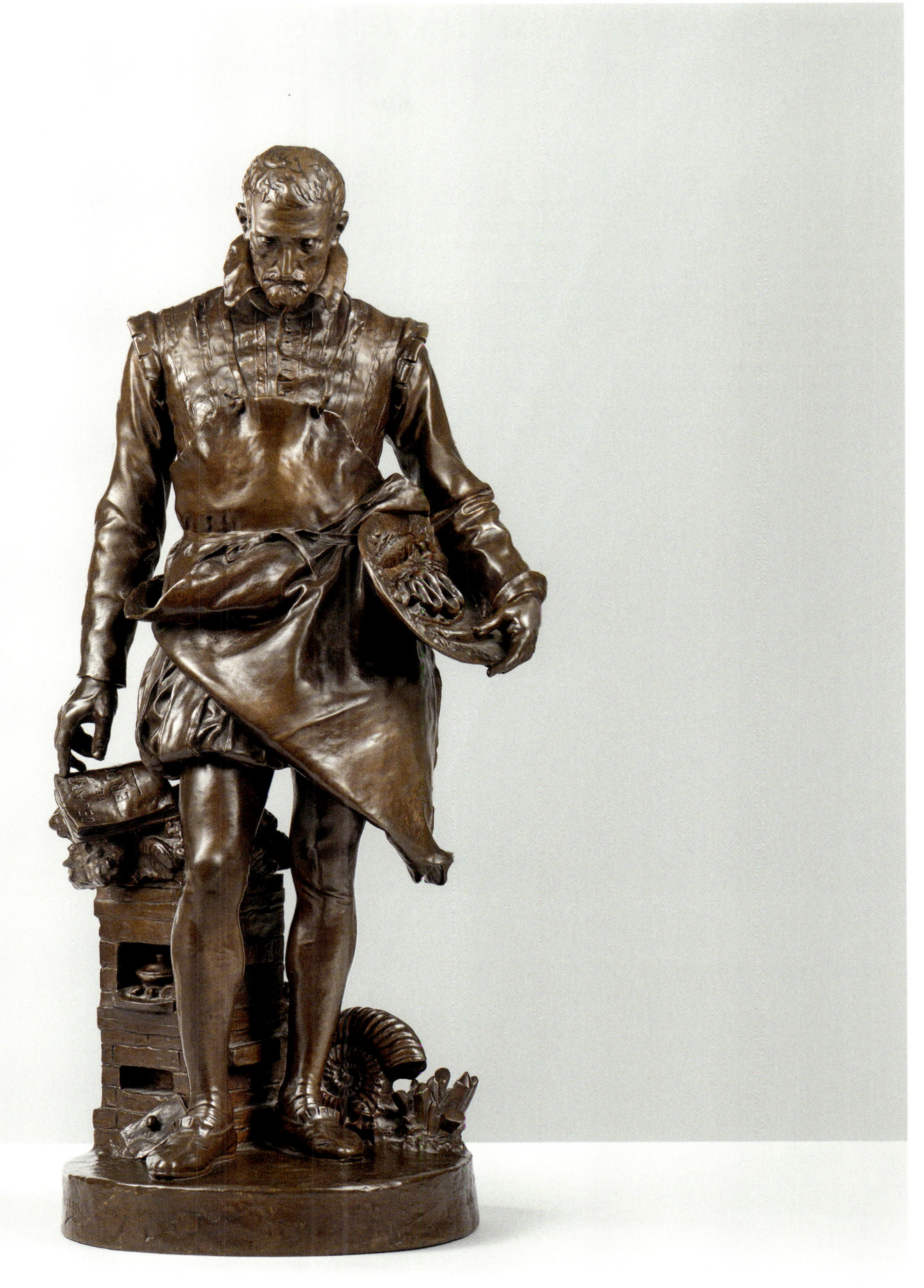

 # IX — **SAINT GEORGE AND THE DRAGON** (ca. 1640)
Francesco Fanelli (1577–1653)

· Bronze, lost wax casting
· 21.50 x 11 x 19 cm

Provenance
· Sir John Wyndham Pope-Hennessy, Florence and thence by descent
· Acquired at Sotheby's, European Sculpture & Works of Art, Sale L13230, 2 July 2013, London, lot 101

Literature
· Holburne Museum, Bath (Pope-Hennessy, op.cit., p. 169, no. 23, fig. 193)
· G. Vertye, *Notebooks (1713–1756)*, IV, Walpole Society, vol. 24, 1936, p. 110
· *The illustrated Bartsch*, vol. 44 (formerly vol. 20, part 1), no. 71-I (35)
· J. Pope-Hennessy, *Some bronzes by Francesco Fanelli*, Essays on Italian sculpture, London, 1968, pp. 166–71
· Whinney, Marcus, and Oliver Millar, *English Art 1625–1714 (1975)*, pp. 115, 121–22

· Pratesi, G, ed. *Repertorio della Scultura Fiorentina del seicento e settecento*, Umberto Allemandi, 1993, Vol. II, pp. 135
· Binnebeke, Emile von. *Bronze Sculpture: Sculpture from 1500–1800 in the Collection of the Boymans-van Beuningen Museum, Rotterdam*, 1994, pp. 132, 3, cat. no. 38
· Christie's, *The Collections of the Late Sir John Wyndham Pope-Hennessy C.B.E., F.B.A., F.R.S.L., F.S.A.,* New York, Wednesday, 10 January 1996, cover
· P. Wengraf, *Francesco Fanelli & sons in Italy and London, on a grander scale, European bronzes from the Quentin Collection*, exh. cat. The Frick Collection, New York, 2004, pp. 30–53
· S. Stock, *Fanelli, Francesco (b. 1577)*, Oxford dictionary of national biography, Oxford, 2004
· Sotheby's, *European sculptures and works of art*, London, 8 July 2005, pp. 72–73
· B. Van Beneden and N. de Poorter, *Royalist refugees. William and Margaret Cavendish in the Rubens House 1648–1660*, exh. cat. Rubenshuis, Antwerp, 2006, pp. 198–199, no. 59
· Howarth D., *Charles I, Sculpture and Sculptor's* in: A. MacGregor (ed.), *The Late King's Goods*, Oxford University Press, London & Oxford, no. 3, p. 93, fig. 43

Comparative Literature
Sale exhibition: *The Cyril Humphris Collection*, Sotheby's, New York, United States, 1995, lot 64 (other variation)

Reference
J. P-H., Bedford Gardens, London, August 1955

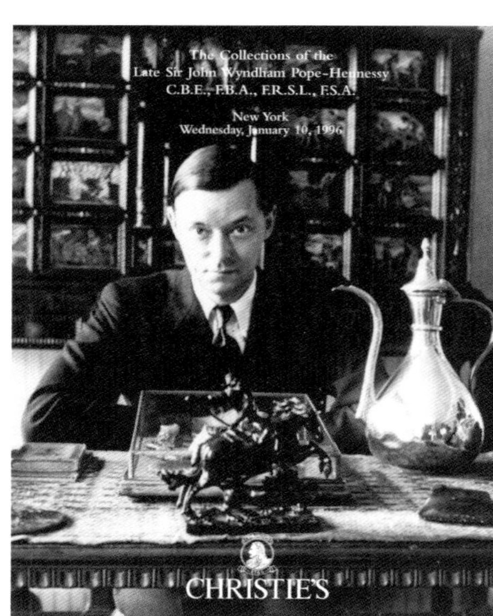

Cover of the catalogue
The Collections of the Late Sir John Wyndham Pope-Hennessy C.B.E., F.B.A., F.R.S.L., F.S.A., Christie's, New York, Wednesday, 10 January 1996

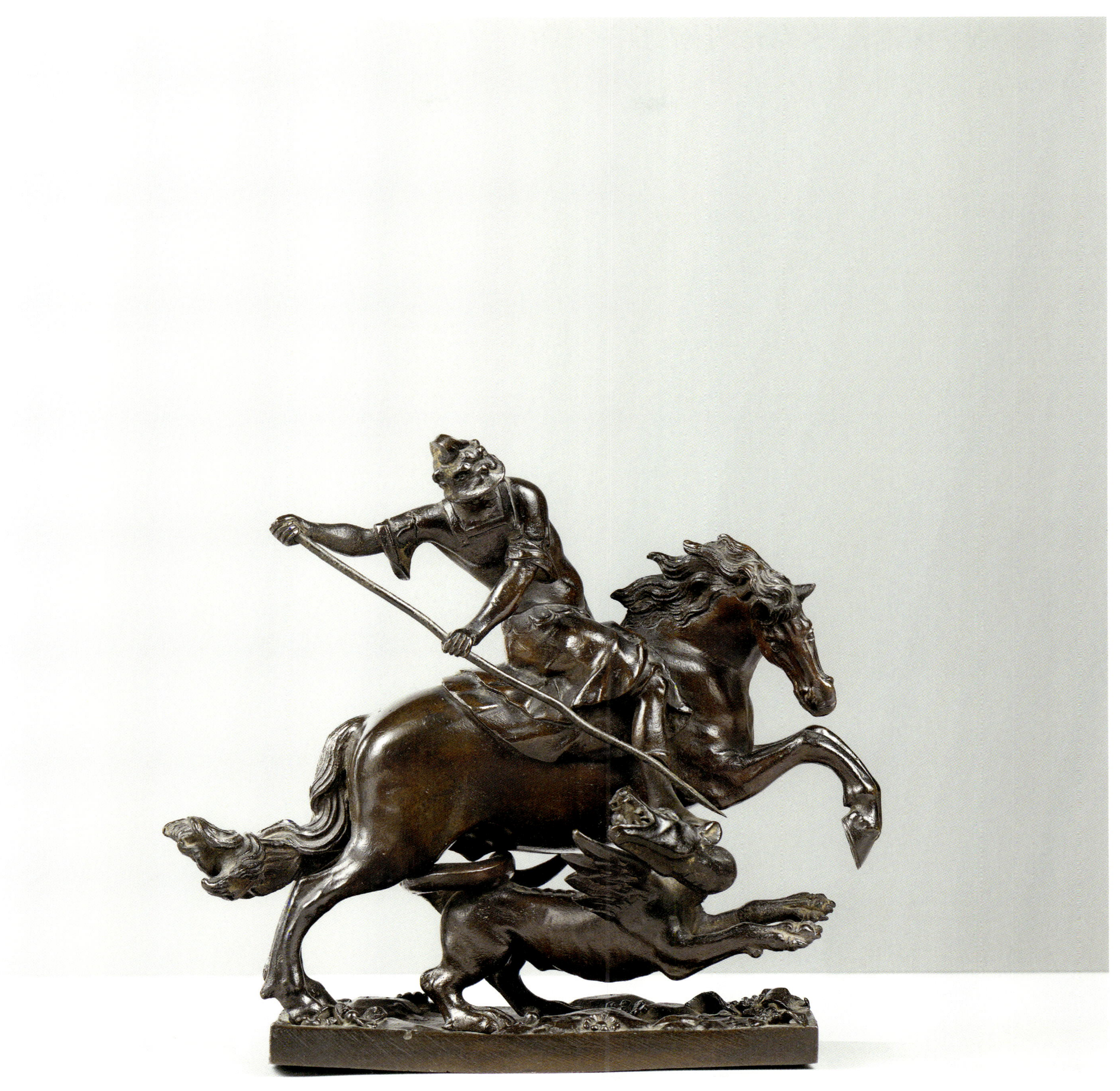

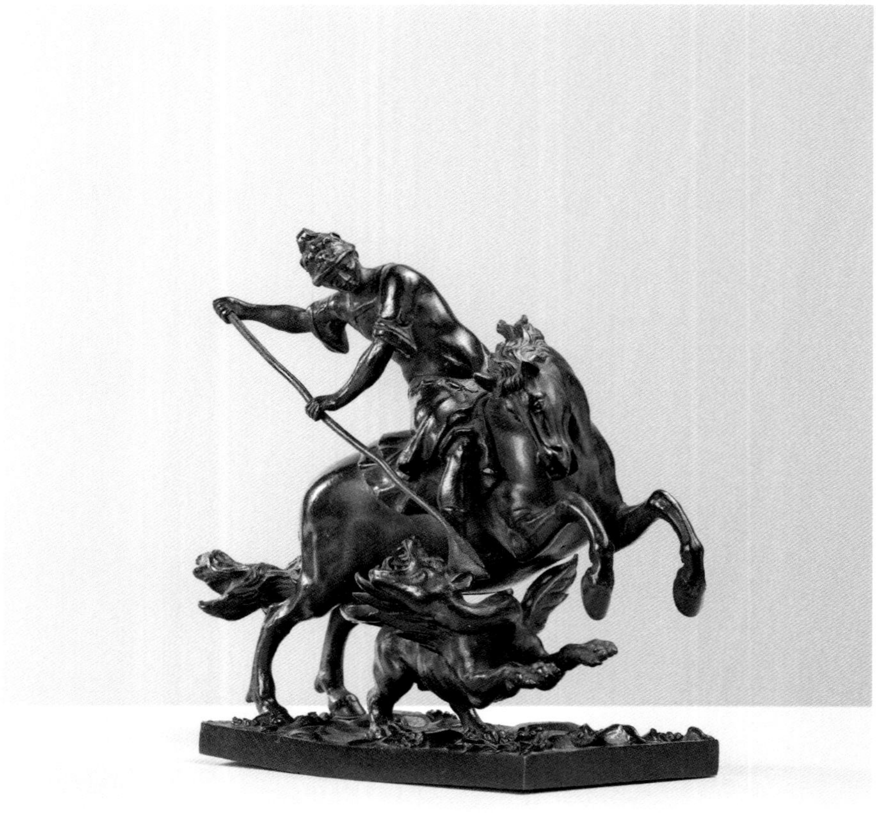

Francesco Fanelli (ca. 1590–1653) was an Italian sculptor, born in Florence, who spent most of his career in England. He is principally remembered today for his equestrian bronze statuettes. Mostly known as a skilled bronze caster, Francesco Fanelli attracted the attention of Charles I of England and received a pension in 1635 as "sculptor of the King".

Abraham van der Doort's inventory of the collection of Charles I calls him "Francisco the one-eyed Italian". Francesco Fanelli's equestrian bronzes were highly celebrated in seventeenth-century England. Charles I owned five statuettes by Fanelli, including 'a little St. George on horseback with a dragon by'. Of all Fanelli's statuettes, the *St. George and the Dragon* is undoubtedly the best known. The present bronze is an excellent example of the superb decorative qualities for which Fanelli's statuettes were so appreciated.

Abraham van der Doort's inventory of Charles I collection in 1639 listed 'a little St George on horseback with a dragon by' at White Palace in 1639. Two examples of *Saint George and the Dragon* are included in the list of bronzes seen by George Vertue in 1736 at Welbeck. One cast of the series is in the National Gallery in Washington; another at the V&A Museum no. A.5–1953 was given by Dr. W. L. Hildburgh in 1953.

Francesco Fanelli (ca. 1590–1653) was een Italiaanse beeldhouwer. Hij werd geboren in Florence maar werkte voor het grootste deel van zijn carrière in Engeland. Hij werd vooral bekend met bronzen ruiterbeelden. Zijn opmerkelijke talent als bronsgieter trok de aandacht van Karel I van Engeland en in 1653 kreeg hij een toelage als 'sculptor of the king' (beeldhouwer van de koning).

In de inventaris van de collectie van Karel I, opgesteld door Abraham van der Doort wordt hij 'Francisco the one-eyed Italian' (Francisco de eenogige Italiaan) genoemd. De bronzen ruiterbeelden van Francesco Fanelli waren in het zeventiende-eeuwse Engeland erg geliefd. Karel I bezat vijf beeldjes van Fanelli, waarvan *Sint-Joris en de Draak* het bekendste is. Het onderhavige exemplaar is een uitstekend voorbeeld van de schitterende decoratieve kwaliteiten waarvoor Fanelli's beeldjes zo geliefd waren.

De inventaris van de collectie van Karel I, in 1639 opgesteld door Abraham van der Doort, vermeldt 'een kleine Sint-Joris te paard met een draak ernaast' in het White Palace. In de lijst van de bronzen die George Vertue in 1736 in Welbeck opstelde, komen twee voorbeelden van *Sint-Joris en de Draak* voor. Een exemplaar van de reeks bevindt zich in de National Gallery in Washington, een ander exemplaar, bewaard in het V&A Museum nr. A.5–1953, werd in 1953 geschonken door Dr. W. L. Hildburgh.

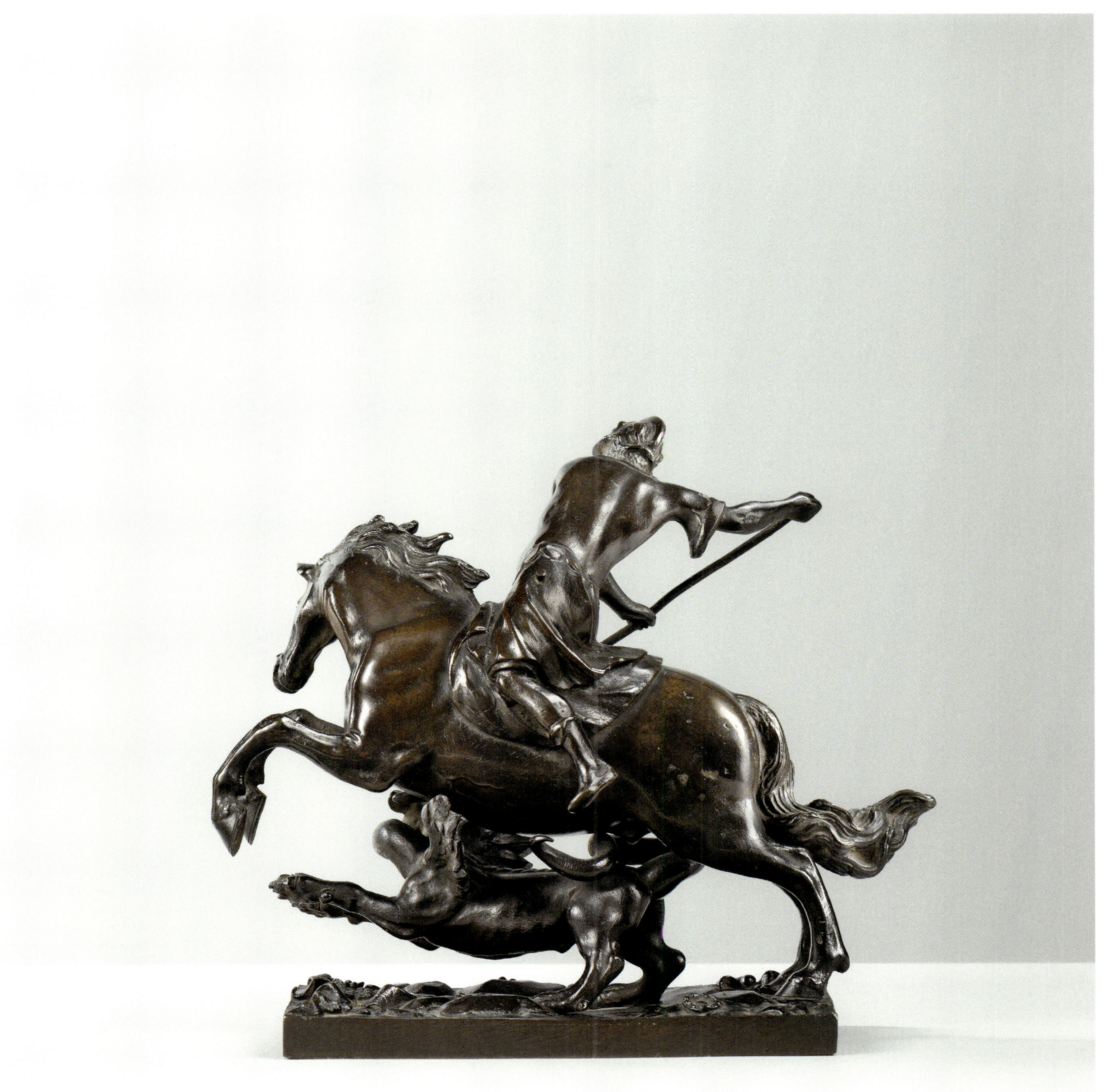

THE WORKS BY JOHAN CRETEN NAKED ROOTS / NAAKTE WORTELS
Museum Beelden aan Zee — Den Haag

1 — THE PRICE OF FREEDOM (2015–2016)
· Patinated bronze, lost wax casting, titled, dated, signed, situated 'Paris', numbered in the mass, foundry stamp, eagle 'seal'
· 145 x 194 x 59 cm
· 355 kg
· No. 2/7 of an edition of 7 + 1 AP
· Courtesy of Galerie Perrotin & Johan Creten
Exhibition History
· *Sunrise/Sunset*, Galerie Perrotin, Paris, France, 2018 (no. 2/7 of an edition of 7 + 1 AP)
· *Dusty Glasses*, Transit Gallery, Mechelen, Belgium, 2017 (no. 2/7 of an edition of 7 + 1 AP)
· Permanent installation, Peter Marino's Garden, Southampton, USA, 2017, (no. 1/7 of an edition of 7 + 1 AP)
Literature
· *The Garden of Peter Marino*, Peter Marino Architecture, Ed. Rizzoli International Publication, New York, 2017, p. 105, p. 108

2 — PRÉSENTOIR D'ORANGE (1989–2017)
· Glazed stoneware and a real orange
· 65 x 19 x 14 cm
· 4.2 kg
· Special edition of 3 after the 1989 piece, unique glaze on each
· Courtesy of Galerie Perrotin & Johan Creten
Exhibition History
· *Sunrise/Sunset*, Galerie Perrotin, Paris, France, 2018
· *Regard sur une collection - Christine Angot*, Musée Delacroix, Paris, France, 2017–2018
· *Johan Creten. Peintures et Sculptures*, Anthony Meyer Gallery, Paris, France, 1987
Literature
· Reproduced in *Johan Creten*, Galerie Perrotin, Paris, France, 2013, p. 46
· (Clay version, made in 1989)
References
· Courtesy of The National Museum of Art, Osaka
© FUKUNAGA Kazuo
· Joseph Beuys, *Capri Battery*, 1985
· Lemon, light bulb, plug socket
8 x 11 cm
Multiple

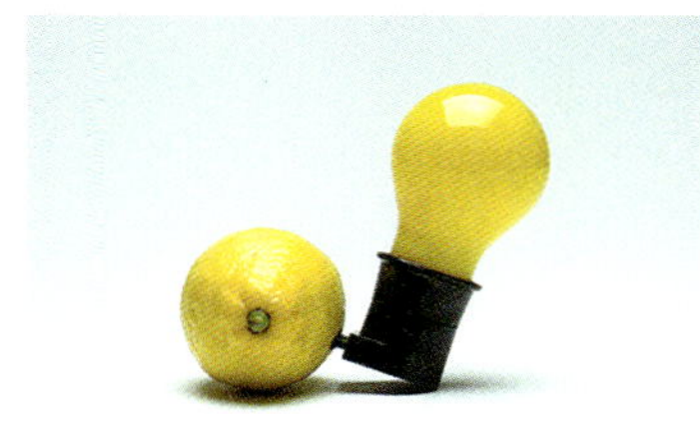

3 — MIAMI EAGLE / LE CONDOR (LE CON-DORT) (2003)
· Glazed stoneware
· Created at the White Studio, Miami
· 140 x 90 x 61 cm
Exhibition History
· *Johan Creten*, Bass Museum of Arts, Miami, USA, 2003
· *Miami Dreams*, De Garage, Mechelen, Belgium, 2004
· *Johan Creten. Tour des Forces*, Royal Museum of Mariemont, Morlanwelz, Belgium, 2007
· *Newtopia: The State of Human Right*, Mechelen, Belgium, 2012
Reference
· Café Condor
Avenue Emile Verhaeren 38
1030 Schaerbeek
Belgium

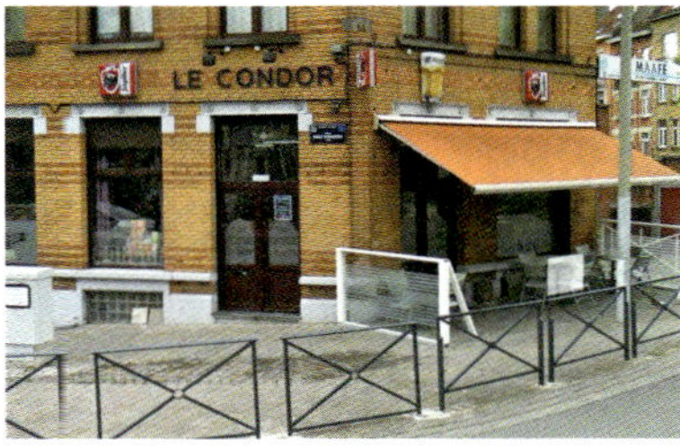

4 — PLANTSTOK (1989–2009)
· Patinated bronze, lost wax casting
· 76 x 24 x 18 cm
· 10 kg
· No. 1/2 AP of an edition of 7 + 2 AP
· Private collection, Belgium
Exhibition History
· *Jardins*, Grand Palais, Paris, France, 2017 (Bronze version, no. 1/2 AP of an edition of 7 + 2 AP)
· *Johan Creten, Pliny's Sorrow*, Almine Rech Gallery, Brussels, Belgium, 2011 (Bronze version, no. 6/7 + 1 AP)
Literature
· *Jardins*, Ed. La Réunion des Musées Nationaux - Grand Palais, exn. cat. Paris, France, 2017, pp. 150–151
· Reproduced in *Johan Creten,*

Galerie Perrotin, Paris, France, 2013, p. 50
· *Johan Creten. Pliny's Sorrow*, Almine Rech Gallery, Brussels, Belgium, 2011, pp. 76–77
Reference
· View of the exhibition *Jardins*, Grand Palais, Paris, France, 2017
© CretenStudio & Vincent Luc

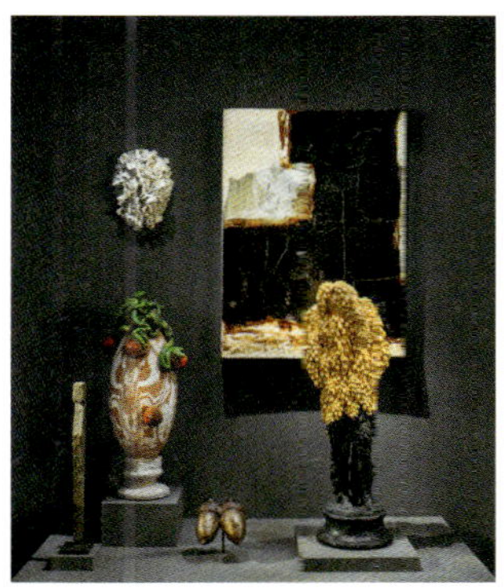

5 — MON PETIT NÈGRE (1998–2000)
· Patinated bronze, lost wax casting after a stoneware model
· 58 x 58 x 45 cm
· Base: 58 x 34 Ø cm
· No. 1/1 AP of an edit on of 8 + 1 AP
· Private collection
Exhibition History
· *Johan Creten. Tour des Forces*, Royal Museum of Mariemont, Morlanwelz, Belgium, 2007
· *Johan Creten*, Bass Museum of Arts, Miami, USA, 2003
· *Miami Dreams*, De Garage, Mechelen, Belgium, 2004
· *En attendant les Egyptiens*, Claudine Papillon Gallery, Paris, France, 2001
Literature
· Edith Doove, *Miami Dreams. Johan Creten*, Mechelen, De Garage, 2004, pp. 25–26

6 — PLINY'S SORROW (2011)
· Monumental sculpture, resin, bronze simulation, after a stoneware model
· 450 x 450 x 190 cm
· 390 kg
· Mother model for a bronze edition of 1 + 1 AP.
Exhibition History
· *Between Day and Dream*, Pilevneli Gallery, Istanbul. 2017 (Resin version)
· *La Traversée/The Crossing*,

CRAC (Musée régional d'art contemporain Occitanie/Pyrénées-Méditerranée), Sète, France, 2016–2017 (Resin version)
· Permanent installation (outdoor), Red Star Line Museum, Antwerp, Belgium, 2015 (Bronze version, no. 1 of an edition of 1 + 1 AP)
· *The Storm*, Middelheim Museum, Antwerp, Belgium, 2014 (Bronze version, no. 1/1 AP of an edition of 1 + 1 AP)
· *Pliny's Sorrow*, Almine Rech Gallery, Brussels, Belgium, 2011 (Resin version)
Literature
· Reproduced in *Johan Creten*, Galerie Perrotin, Paris, France, 2013, p. 38
· Reproduced in *Johan Creten, Pliny's Sorrow*, Almine Rech Gallery, Brussels, Belgium, 2011, pp. 57–58, 100–103
Reference
· View of the installation: Red Star Line Museum, Antwerp, Belgium

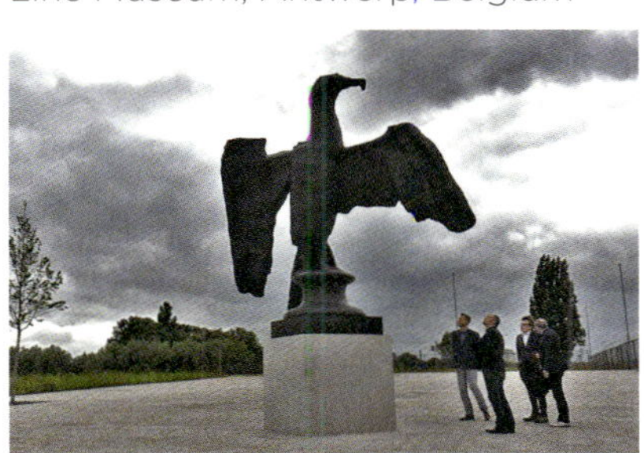

7 — COUCH POTATOES (1997)
· Glazed terracotta in two elements placed on old sofa and two armchairs
· French academy in Roma, Villa Medici
· On a wooden platform
· Variable size
Exhibition History
· *Wijheizijweihij - Kingsmill, Johan Creten and Koningsmolen, Koen Vanmechelen and Dirk Draelants*, Vredeseilanden, Eliksem, Landen, Koningsmolen, Landen, Belgium, 2010
· *Johan Creten. Tour des Forces*, Royal Museum of Mariemont, Morlanwelz, Belgium, 2007
· *Les mêmes et même quelques autres*, Claudine Papillon Gallery, Paris, France, 2001

Literature

· Reproduced in *Johan Creten*. Galerie Perrotin, Paris, France, 2013, p. 19
· Edith Doove, *Miami Dreams. Johan Creten*, Mechelen, De Garage, 2004, p. 68

8 — LA LANGUE (1986)

· Engobe on 'over-fired' terracotta
· 27 x 65 x 15 cm
· Approx. 10 kg

Exhibition History

· *Regard sur une collection - Christine Angot*, Musée Delacroix, Paris, France, 2017–2018 (Clay version)
· *La Plasticité du langage*, Fondation Hippocrène, Paris, France, 2012 (Bronze version, no. 5/8)
· *Propos d'Europe 10: Des Artistes Belges*, Fondation Hippocrène, Paris, France, 2011 (Bronze version, no. 5/8)
· *Kunstintegratie 2010*, Bedrijvencentrum Concentra, Antwerp, Belgium (Bronze version, no. 3/8)
· *Art Brussels, 26th Contemporary Art Fair*, first presentation of the bronze edition, Transit Gallery, Brussels, Belgium, 2008 (Bronze version, no. 1/8)
· *Johan Creten. Beelden*, Stedelijk Museum of Lakenhal, Leiden, The Netherlands, 2007 (Clay version)
· ''Kunstkammer. Installation et performance'', Anthony Meyer Gallery, Paris, France, 1986–1988 (Clay version)
· *Johan Creten. Peintures et Sculptures*, Anthony Meyer Gallery, Paris, France, 1987 (Clay version)

Literature

· Reproduced in *Johan Creten*. Galerie Perrotin, Paris, France, 2013, p. 4
· Jeannette Zwingenberger, *Propos d'Europe 10. Des artistes belges*, Paris, La Fondation Hippocrène, 2011
· Claude d'Anthenaise, Nathalie Viot, Chantal Pontbriand, *Johan Creten: Sculptures*, Manufacture nationale de Sèvres, Paris
· Jetteke Bolten-Rempt, Doris Wintgens Hötte, *Johan Creten. Beelden*, Leiden, Stedelijk Museum of Lakenhal, 2007, pp. 34–35
· Edith Doove, *Miami Dreams. Johan Creten*, Mechelen, De Garage, 2004, pp. 61–64

Reference

· Snapshot performance *Kunstkamer,* Subway, Paris, 1988

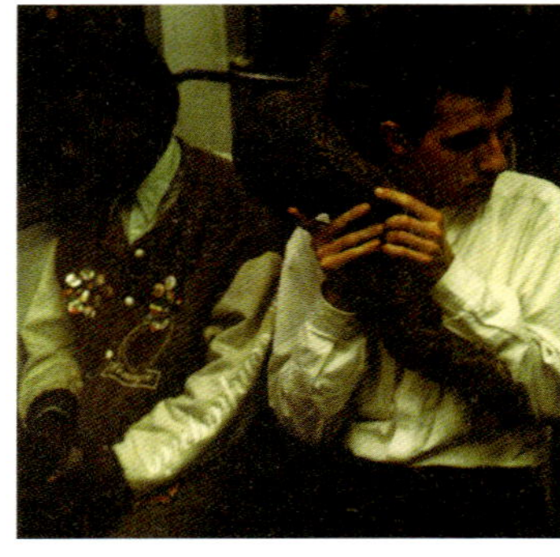

· Johan Creten watching Joseph Beuys performing *Goldhase' (Gold Hare)*, 30 June 1982, documenta 7, Kassel

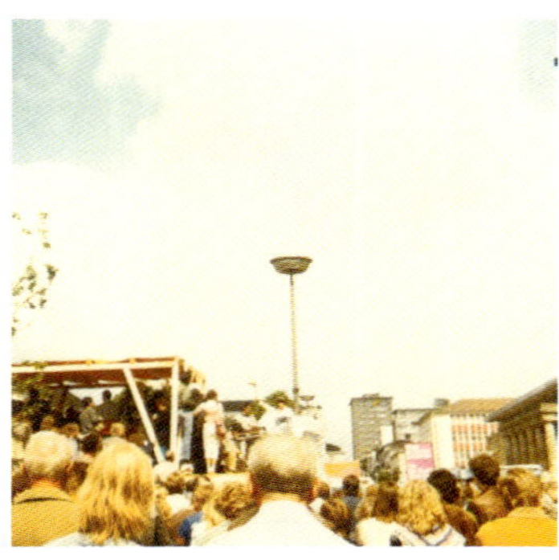

9 — C'EST DANS MA NATURE (2001–2018)

· Series of 14 photographs, framed under glass
· 59.1 x 79.1 cm
· No. 1/5 of an edition of 5
· Courtesy of Galerie Perrotin & Johan Creten

Exhibition History

· *Sunrise/Sunset*, Galerie Perrotin, Paris, France, 2018
· The piece gathers 14 photographs taken in 2001 after Johan Creten's installation: *C'est dans ma Nature*, Aulnay-sous-Bois's City Hall, Aulnay-sous-Bois, France, 2001

10 — THE GATE (2001–2018)

· Series of 13 photographs, framed under glass
· 59.1 x 79.1 cm
· No. 1/5 of an edition of 5
· Courtesy of Galerie Perrotin & Johan Creten

Exhibition History

· *Sunrise/Sunset*, Galerie Perrotin, Paris, France, 2018
· The piece gathers 13 photographs taken in 2001 after Johan Creten's installation: *The Gate*, public parking, Les Rairies, France

11 — EN ATTENDANT LES ÉGYPTIENS (2001)

· Glazed stoneware
· 116 x 110 x 60 cm
· Collection Keramiekmuseum Princessehof, Leeuwarden, The Netherlands

Exhibition History

· *En attendant les Égyptiens*, Papillon Gallery, Paris, France, 2001
· *Fragile. Regards contemporains sur la salle de céramique*, Fine Arts Museum, Reims, France, 2003
· *Johan Creten. Beelden*, Stedelijk Museum, Leiden, The Netherlands, 2007
· *Johan Creten. Tour des Forces*, Royal Museum of Mariemont, Morlanwelz, Belgium, 2007
· *Johan Creten. Les Blessées*, Keramiekmuseum Princessehof, Leeuwarden, The Netherlands, 2009

12 — DE HANEN–LES COQS (1994)

· Glazed terracotta, restaurations
· 108 x 110 x 50 cm
· Courtesy of Transit Gallery, Mechelen, Belgium

Exhibition History

· *Fire-Works*, Museum Dhondt-Dhaenens, Deurle, Belgium, 2013
· *La Mort d'Adonis*, Frac Auvergne, Château de Chareil, Cintrat, 1994
· *La Mort d'Adonis*, Musée Crozatier, Le Puy-en-Velay, 1994–1995

13 — GLORY-OKVIK I (2017–2018)

· Gold luster on glazed stoneware
· Created at Struktuur 68
· 97 x 72 x 18 cm

14 — GLORY-OKVIK II (2017–2018)

· Gold luster on glazed stoneware
· Created at Struktuur 68
· 95 x 71 x 21 cm

15 — GLORY-OKVIK III (2017–2018)

· Gold luster on glazed stoneware
· Created at Struktuur 68
· 98 x 71 x 21 cm

16 — GÉNIE (2009–2010)

· Coloured patinated bronze, lost wax casting
· Signed, dated, foundry stamp, 'eagle', seal
· 212 x 69 x 48 cm
· 270 kg
· Courtesy of Galerie Perrotin & Johan Creten

Exhibition History

· Dark Continent, Galerie Perrotin, Paris, France, 2010
· *Des Fleurs en Hiver – Delacroix – Othoniel – Creten*, Eugène Delacroix National Museum, Paris, France, 2013

Literature

· Reproduced in *Johan Creten. Galerie Perrotin*, Paris, France, 2013, p. 87
· *Des Fleurs en Hiver – Delacroix – Othoniel – Creten*, Eugène Delacroix National Museum, exh. cat. Co-ed. Louvre - Le Passage Éditions Paris, France, 2013, no. 59, p. 106

17 — LA FEMMINA (1992)

· Glazed terracotta
· 1st element: 85 x 40 x 35 cm
· 2nd element: 22 x 55 x 35 cm

Exhibition History

· *En attendant les Egyptiens*, Papillon Gallery, Paris, France, 2001
· *Johan Creten: La Femmina*, Archeological Museum, Lattes, France, 2008
· Gallery Beam, Nymegen, The Netherlands, 1994

18 — LE BAISER (2013)

· Patinated bronze, lost wax casting
· 211 x 49 x 46 cm
· 262 kg
· No. 1/3 of an edition of 3 + 1 AP
· Courtesy of Almine Rech Gallery & Johan Creten

Exhibition History

· *The Storm*, Middelheim Museum, Antwerp, Belgium, 2014
· *La Traversée/The Crossing*, CRAC (Musée régional d'art contemporain Occitanie/Pyrénées-Méditerranée), Sète, France, 2016–2017

Literature

· *De Storm*, exh. cat. Middelheim Museum, Antwerp, Belgium, 2014, p. 101
· *La Traversée/The Crossing*, CRAC (Musée régional d'art contemporain Occitanie-Méditerranée), exh. cat. Creten Studio, Sète, France, 2016–2017, pp. 37, 39, 41, 49

Reference

· Didier Vermeiren, *Sculpture de socle / Zuil*, 1980, Plaster, Collection SMAK Ghent

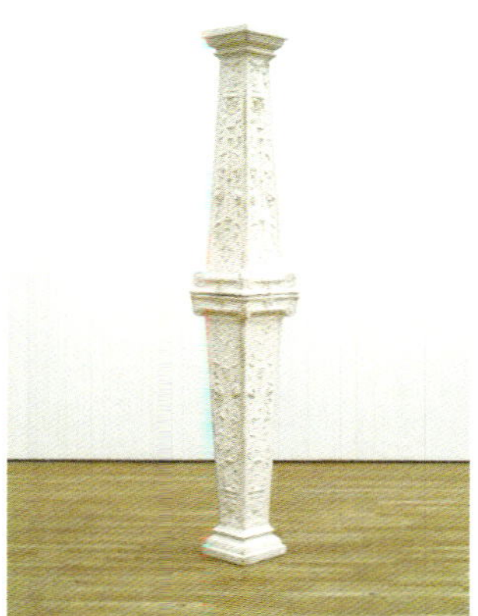

19 — THE BOY (2015–2016)

· Sculpture in two elements
· Blister glaze, mat and shiny glaze on stoneware with heavy grog, multi-fired, dated, signed with a monogram and titled in the mass
· Created at Struktuur 68
· 101 x 39 x 31 cm
· Pedestal: 47 x Ø 47 cm
· Total: 148 x Ø 47 cm

· Unique
· Courtesy of Almine Rech Gallery
  & Johan Creten

Exhibition History
· *Fiac On Site!*, Petit Palais,
  Paris, France, 2017
· *8 Gods*, Almine Rech Gallery,
  Brussels, Belgium, 2017

Literature
· *8 Gods*, exh. cat. Almine Rech
  Gallery, Brussels, Belgium, 2017,
  pp. 14–19, 109, 114

Reference
· View of the exhibition *Fiac On Site!*,
  Petit Palais, Paris, France, 2017

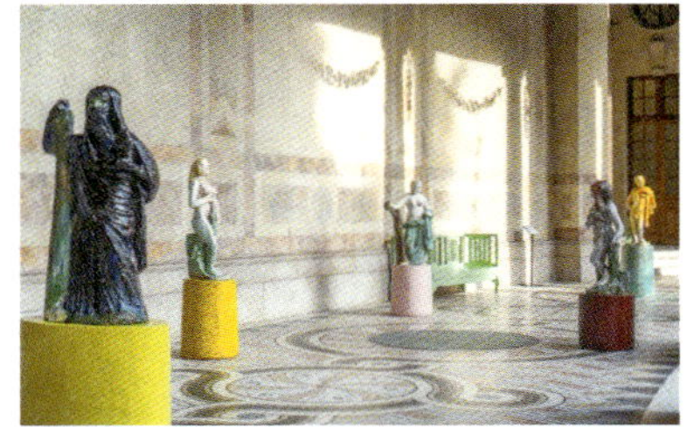

20 — I'M A GOOD HORSE ON A SOFT BRICK (2002)
· Luster on glazed stoneware
  and a soft firing brick
· 84 x 74 x 46 cm
· 80 kg
· Courtesy of Almine Rech Gallery
  & Johan Creten

Exhibition History
· *Johan Creten*, J. Johnson Gallery,
  Jacksonville Beach, Florida, USA,
  2003 (Clay version)
· *Miami Dreams*, De Garage,
  Mechelen, Belgium, 2004
  (Clay version)
· *Johan Creten. Tour des Forces*,
  Royal Museum of Mariemont,
  Morlanwelz, Belgium, 2007
  (Clay version)
· *Johan Creten: La Femmina*,
  Archeological Museum,
  Lattes, France, 2008
  (Clay version)
· *Dark Continent*, Galerie Perrotin,
  2010 (Bronze version no. 1/3 + 1 AP)
· *Proposition de la Fondation
  Hippocrène: 7*, Festival à Part,
  Château des Alpilles, Saint-Rémy
  de Provence, France, 2011
  (Bronze version no. 1/3 + 1 AP)
· *Bla et Chichi sur un bâteau*,
  Hussenot Gallery, Paris, France, 2012
  (Bronze version no. 1/3 + 1 AP)
· *De Storm*, Middelheim Museum,
  Antwerp, Belgium, 2014
  (Bronze version no. 1/3 + 1 AP)

Literature
· *De Storm*, exh. cat. Middelheim
  Museum, Antwerp, Belgium, 2014,
  pp. 107–108, 111
  (Bronze version no. 1/3 + 1 AP)
· Edith Doove, *Miami Dreams.
  Johan Creten*, Mechelen,
  De Garage, 2004, pp. 15–18

21 — LA VIERGE D'ALEPPO (2013–2015)
· Glazed stoneware with grog and
  crystallization, aluminium structure,
  signed and dated
· Created at Struktuur 68
· 80 x 69 x 10 cm
· 65 kg
· Courtesy of Galerie Perrotin
  & Johan Creten

Exhibition History
· *Sunrise/Sunset*, Galerie Perrotin,
  Paris, France, 2018
· *La Traversée/The Crossing*,
  CRAC (Musée régional d'art
  contemporain Occitanie/Pyrénées-
  Méditerranée), Sète, France,
  2016–2017
· *CERAMIX from Rodin to Schütte*,
  Bonnefanten Museum, Maastricht,
  The Netherlands, 2016

Literature
· *La Traversée/The Crossing*,
  CRAC (Musée régional d'art
  contemporain Occitanie/Pyrénées-
  Méditerranée), exh. cat. Creten
  Studio, Sète, France, 2016–2017,
  p. 121
· *Ceramix, from Rodin to Schütte*,
  Snoeck Ducaju & Zoon, Ghent,
  Belgium, 2015

22 — SYMPOSIUM OAKLAND (2001)
· Glazed stoneware on oxidized
  metal table
· Created at CCAC in Oakland,
  California
· 112 x 89 x 76 cm
· Courtesy of Almine Rech Gallery
  & Johan Creten

Exhibition History
· *Fire Works*, Museum Dhondt-
  Dhaenens, Deurle, 2013
· *Johan Creten. Les Blessées*,
  Keramiekmuseum Princessehof,
  Leeuwarden, The Netherlands,
  2009
· *Johan Creten*, Bass Museum
  of Arts, Miami, USA, 2003

Literature
· Edith Doove, *Miami Dreams. Johan
  Creten*, Mechelen, De Garage, 2004,
  pp. 11, 40

Reference
· *Triclinum*
  Anonymous engraver
  Roman Triclinium, Roman Triclinium
  or Dining Room
  Copper engraved print
  15 x 23 cm
  Reproduced in Hooke's *Roman
  History, from the Building of Rome
  to the Ruin of the Commonwealth*,
  London, United Kingdom, 1738–1771
  Cabinet of the Honorable William
  Hamilton, Naples
  Reproduced in Pierre F. H.
  d'Hancarville, *Collection of
  Etruscan, Greek and Roman
  Antiquities from the Cabinet of the*

Honble. Wm. Hamilton, 1766-1767
Courtesy of the Library Company of
Philadelphia

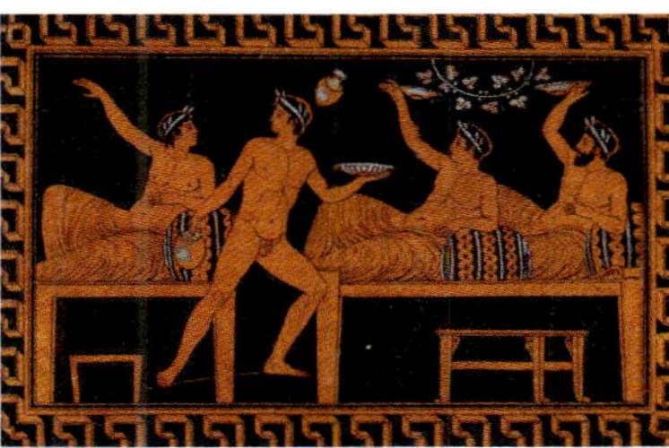

23 — DE GIER (LE VAUTOUR) (2015–2016)
· Resin model after a stoneware
  model
· 440 x 220 x 100 cm
· 400 kg
· Mother model for a bronze edition
  of 3 + 1 AP

Exhibition History
· *Sunrise/Sunset*, Galerie Perrotin,
  Paris, France, 2018
  (Bronze Version, no. 1/3 of an
  edition of 3)
· *La Traversée/The Crossing*,
  CRAC (Musée régional d'art
  contemporain Occitanie/Pyrénées-
  Méditerranée), Sète, France,
  2016–2017

Literature
· *La Traversée/The Crossing*,
  CRAC (Musée régional d'art
  contemporain Occitanie/Pyrénées-
  Méditerranée), exh. cat., Creten
  Studio, Sète, France, 2016–2017,
  pp. 25, 27, 29, 37

24 — ALTE MUTTI (2016–2017)
· Blistering lavaglaze on modeled
  and incised stoneware
· Multiple firings at high temperature
· Created at Struktuur 68
· 89 x 68 x 10 cm
· 65 kg
· Unique
· Courtesy of Galerie Perrotin
  & Johan Creten

Exhibition History
· *Sunrise/Sunset*, Galerie Perrotin,
  Paris, France, 2018

25 — GRANDE VAGUE POUR PALISSY (2006–2011)
· Glazed stoneware from Sèvres
  with grog, crystallization
· Created at the Manufacture
  nationale de Sèvres
· 137 x 70 x 80 cm
· Base: 80 x 80 x 80 cm
· 350 kg
· No. 1/1 AP of an edition of 3 + 1 AP
· Courtesy of Galerie Perrotin
  & Johan Creten

Exhibition History
· *Point Quartz/Flower of Kent*,
  Arson Villa, Nice, France, 2017
· *Terre Fertile/Terre Fébrile*,
  Château de Pommard,

Pommard, France, 2016
· *Feux continus*, Grand Hornu,
  France, 2009
· *Johan Creten, sculptures*,
  Musée de la Chasse et de la Nature,
  Paris, France, 2008
· *Dialogues méditerranéens à Saint-
  Tropez*, Donjon de la Citadelle,
  Saint-Tropez, France, 2007
· *L'épreuve du feu*, Galerie de la
  Manufacture national de Sèvres,
  Paris, France, 2007
· *Johan Creten*, Stedelijk Museum,
  Leiden, The Netherlands, 2007
· *Céramique fiction*, Musée des
  Beaux-Arts, Rouen, France, 2006
· *Contrepoint. De l'objet d'art à la
  Sculpture*, Louvre, Paris,
  France, 2005

Literature
· *Terre Fertile/Terre Fébrile*,
  Château de Pommard, Norma,
  France, 2016, pp. 20–21
· Reproduced in *Johan Creten.
  Galerie Perrotin*, Paris, France, 2013,
  pp. 210–2011

Reference
· *Contrepoint. De l'objet d'art à la
  Sculpture*, Louvre, Paris,
  France, 2005

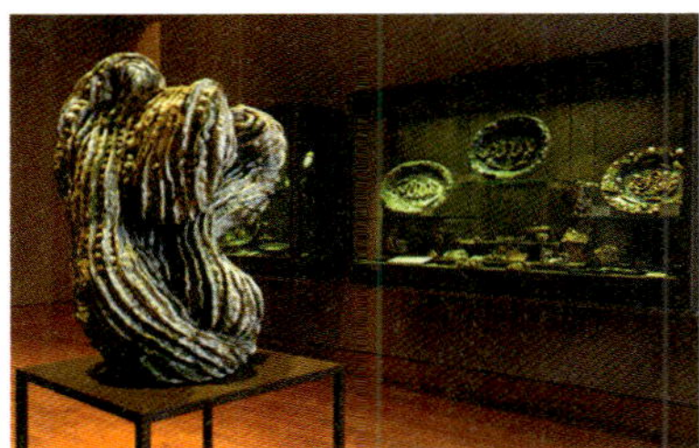

26 — AUS DEM SERAIL (2016–2017)
· Blister glaze on modelled
  high-fired stoneware
· Created at Struktuur 68
· 89 x 67.5 x 8 cm
· 65 kg
· Courtesy of Galerie Perrotin
  & Johan Creten

Exhibition History
· *Sunrise/Sunset*, Galerie Perrotin,
  Paris, France, 2018

27 — BIG GLORY-LA TRINITÉ (2015–2016)
· Gold luster on orange glazed stoneware
· Created at Struktuur 68
· 27 x 153.5 x 115 cm
· 100 kg

28 — FOR THE GIRLS OF OSTIA (1997)
· Ceramic, five elements in terracotta,
  wooden shelf
· Created at the Villa Medicis in Rome
· Shelf: 240 x 200 x 65 cm
· Elements:
  95 x 50 x 50 cm
  90 x 53 x 53 cm
  96 x 50 x 50 cm
  90 x 50 x 50 cm
  87 x 60 x 50 cm

· Collection FRAC Pays de la Loire
· Acquired at the Robert Miller Gallery, New York in 1999

Exhibition History
· *Johan Creten. Tour des Forces*, Royal Museum of Mariemont, Morlanwelz, Belgium, 2007
· *Le Spectacle de la Nature*, Garenne Lemot Departmental Domain, Gétigné-Clisson, France, 2012
· *De Belles Sculptures Contemporaines. 30 ans du FRAC pays de la Loire*, Hab Gallery, Nantes, France, 2013

Literature
· Edith Doove, *Miami Dreams. Johan Creten*, Mechelen, De Garage, 2004, p. 68
· Martin Clayton, Rufus Bird, *Charles II: Art and Power*, ed. Royal Collection Trust, London, United Kingdom, 2017, pp. 149–150
· Catalogue of the eponymous exhibition at Royal Collection Trust, London, United Kingdom, 8 December 2017 – 13 May 2018

References
· Mrs. Moglie, *Rome's Suburban Redlight District, The Korean American in Italy* blog, 12 November 2010, Rome, Italy
· Extract

"Here, we see prostitutes, one after the other, all along the rural roads to Ostia, Rome's seaside suburb. One patch of road seems to be the designated territory of African girls, most likely from Nigeria. ..... From wherever they may have come, the scenario is much the same. One or two girls sitting on the side of the road, usually where there is a small curb of dirt or grass, some sitting on a single chair, some on a large rock or tree trunk, and still others simply standing. Not at all the same working girls I first saw years ago in San Francisco. The girls here are rarely seen wearing fishnet stockings, bustiers or glitter make-up. Actually, they look like any number of women I might see buying groceries at the market or taking their children to school. They wait... they wait there for a customer and when he arrives, they lead him into the woods. Some have tents set up beyond easy view from the roads. Once, I saw a girl dragging a twin-sized mattress in through the tall grass."

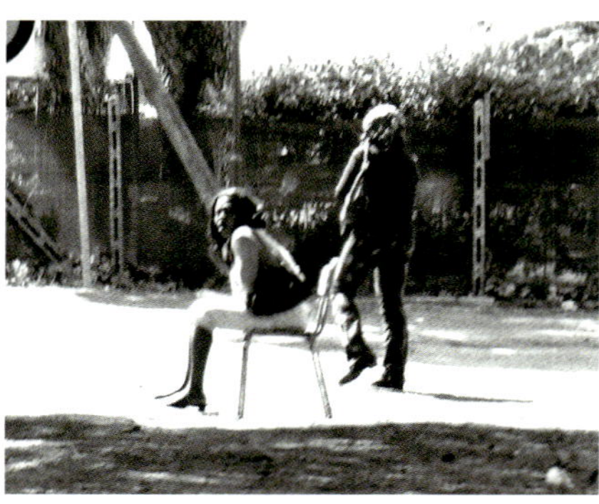

· Michelangelo
· *Fragments of the Sistine Chapel ceiling fresco, Ignudi. Part of the Drunkenness of Noah group*, 1509
· Fresco
· Sistine Chapel, Vatican, Italy
· The figures of Ignudi in this group bear garlands of oak leaves and acorns — allusions to the Della Rovere family — but also erotical allusions

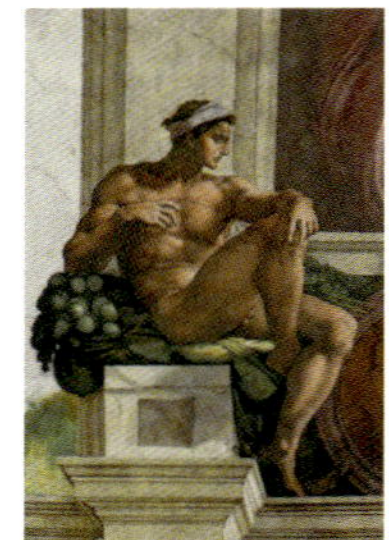 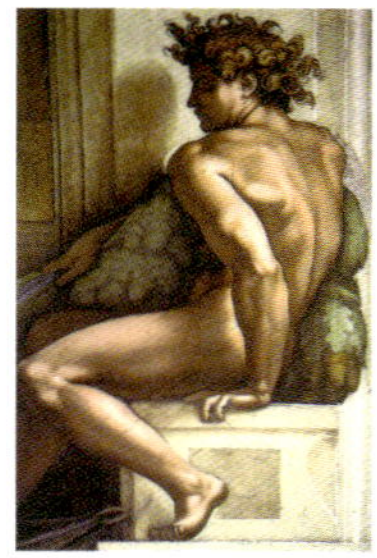

29 — ODORE DI FEMMINA-LA RAFALE (2006)
· Sèvres stoneware, blue glaze and crystallizations
· Created at the Manufacture national de Sèvres
· 107 x 62 x 50 cm
· 80 kg
· Collection of Royal Museum of Mariemont, Morlanwelz, Belgium

Exhibition History
· *Permanent installation*, KERAMIS, Centre de la Céramique, La Louvière, Belgium, 2018
· *Essences insensées – Parfums d'artistes*, Parcours Saint-Germain-des-Prés, Chapelle des Petits-Augustins, Paris, France, 2006
· *Johan Creten. Tour des Forces*, Royal Museum of Mariemont, Morlanwelz, Belgium, 2007
· *Johan Creten: La Femmina*, Archeological Museum, Lattes, France, 2008

Literature
· Reproduced in *Johan Creten. Galerie Perrotin*, Paris, France, 2013, pp. 138–139

30 — KLEIN TORSO (2017–2018)
· Glazed stoneware
· Created at Struktuur 68
· Approx. 70 x 30 x 40 cm
· Approx. 65 kg

31 — BRONZE MODEL FOR DE VLEERMUIS OF BOLSWARD (2015–2017)
· Patinated bronze, lost wax casting
· 17 x 30.5 x 22 cm
· 15 kg
· No. 1/2 AP of an edition of 8 + 2 AP

References
· Vincent van Gogh (1853–1890)
· *Chauve-souris, dite Le renard volant*, 1886

· 79 x 41 cm
· Oil on canvas
· Van Gogh Museum, Amsterdam, The Netherlands

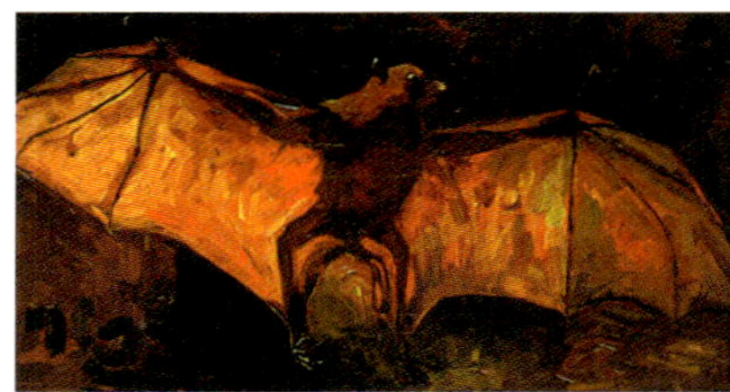

· Comte Robert de Montesquiou-Fezensac, *Les Chauves-souris*, Ed. G. Richard, Paris, France, 1893, p. 54, p. 137

LES CHAUVES-SOURIS
XII
LEGENDE

Jésus, jouant avec des enfants, fit l'image
De glaise d'un oiseau. "Que voulez-vous qu'il soit?"
Dit-il. – Chauve-souris, car c'est la bête, ô mage,
Entre toutes bizarre, et qu'à peine on conçoit.

Sans plumes, ailerons, et fourrure qui vole ;
Pas d'os, un cartilage ; et du lait, et pas d'œufs ;
Mammifère des cieux, indication folle
Par surcroît – vieille énigme aux ressorts toujours neufs.

Ayant ainsi saisi l'oiseau, d'argile et de salive
Christ l'oignit, et, soufflant sur lui, le fit s'enfuir...
Et la chauve-souris détala triste et vive,
Volatile inouï, singe aux ailes de cuir !

PÉNOMBRES
LI
PEUR

La masse noire
Des bois le soir,
M'enivre, voire
Me grise, à voir.

Mon œil s'enfonce
Dans ce profond
Deuil qui se fonce
Et qui se fond...

La messe noire....

32 — DE VLEERMUIS – STUDY ONE ON AN ORANGE GROUND (2016–2018)
· Glazed stoneware on a special base in wood
· Created at Struktuur 68
· 74 x 69 x 149
· Orange base: 8 x 108 x 91 cm

33 — DE VLEERMUIS – STUDY TWO ON A YELLOW GROUND (2016–2018)
· Glazed stoneware on a special base in wood
· Created at Struktuur 68
· 45 x 54 x 72 cm
· Yellow base: 6 x 48 x 114 cm

34 — DE VLEERMUIS – STUDY THREE ON A RED GROUND (2016–2018)
· Glazed stoneware on a special base in wood
· Created at Struktuur 68
· 47 x 53 x 128 cm
· Red base: 5 x 53 x 116 cm

35 — DE VLEERMUIS (2015–2018)
· Resin with bronze finish after a stoneware model
· 385 x 230 x 240 cm
· Approx. 300 kg
· This is the mother model for an edition in bronze. The first cast is installed in Bolsward as a permanent installation and is part of the 11 Fountains project of Fresland.

Reference
· Bolsward, The Netherlands

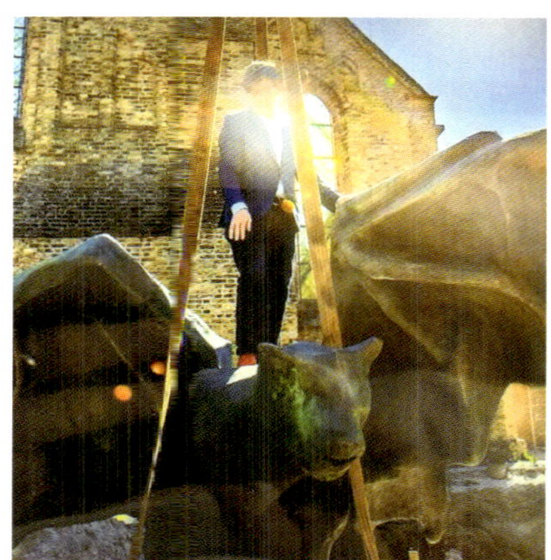

· Johan Creten and the crew of Artcasting, Oudenaarden, Belgium April 10th 2018

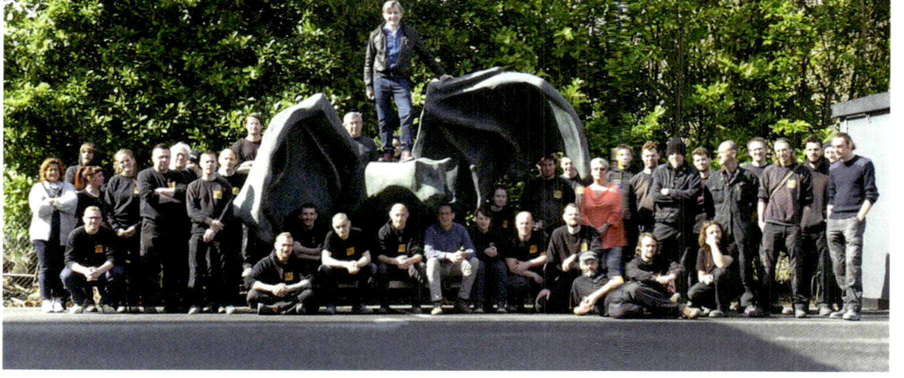

36 — **FATIGUE** (2012)
· Glazed stoneware, reduction
  firing, titled under the glaze,
  dated, signed with
  JC monogram
· 134 x 70 x 72 cm
· 150 kg
· Courtesy of Galerie Perrotin
  & Johan Creten
Exhibition History
· *The Vivisector*, Galerie Perrotin,
  Paris, France, 2013
· *Happy Birthday, 25 ans de la Galerie
  Perrotin*, Le Tripostal,
  Lille, France, 2014
Literature
· Reproduced in *Johan Creten.
  Galerie Perrotin*, Paris, France,
  2013, pp. 182–183

37 — **THE VIVISECTOR** (2012)
· Glazed stoneware, reduction
  firing, titled in the mass,
  dated, signed with
  JC monogram
· 132.5 x 74.5 x 68.5 cm
· 150 kg
· Courtesy of Galerie Perrotin
  & Johan Creten
· This is the mother model for a
  large bronze cast. One cast is
  part of the permanent collection
  of the Leiden University Medical
  Centre (LUMC) in Leiden,
  The Netherlands. Another is
  installed in front of the Cathedral
  of St. Rumbold in Mechelen,
  Belgium, and one is in a
  private collection.
Exhibition History
· *The Vivisector*, Galerie Perrotin,
  Paris, France, 2013
· *Happy Birthday, 25 ans de la Galerie
  Perrotin*, Le Tripostal,
  Lille, France, 2014
Literature
· Reproduced in *Johan Creten.
  Galerie Perrotin*, Paris, France,
  2013, p. 181

38 — **LE NEZ-THE NOSE** (2012)
· Glazed stoneware, reduction
  firing, titled in the mass,
  dated, signed with
  JC monogram
· 132.8 x 71 x 66.5 cm
· 150 kg
· Courtesy of Galerie Perrotin
  & Johan Creten
Exhibition History
· *The Vivisector,* Galerie Perrotin,
  Paris, France, 2013
· *Happy Birthday, 25 ans de la Galerie
  Perrotin*, Le Tripostal,
  Lille, France, 2014
Literature
· Reproduced in *Johan Creten.
  Galerie Perrotin*, Paris, France,

2013, p. 181
References
· *The Vivisector*, Galerie Perrotin,
  Paris, France, 2012

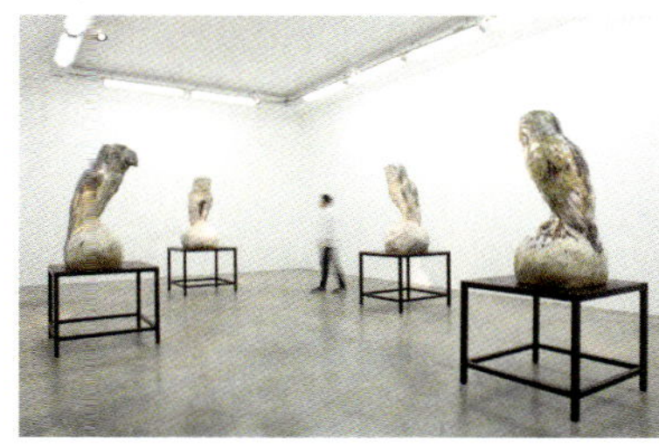

39 — **ODORE DI FEMMINA-LES TROIS TROUS** (2014–2015)
· Patinated bronze, lost-wax casting
· On a patinated metal base
· 76 x 55 x 33 cm
· 169 kg
· Courtesy of Almine Rech Gallery
  & Johan Creten
Exhibition History
· *Between Day and Dream*, Pilevneli
  Gallery, Istanbul, Turkey, 2017
References
· View of the exhibition
  Between Day and Dream, Pilevneli
  Gallery, Istanbul, Turkey, 2017

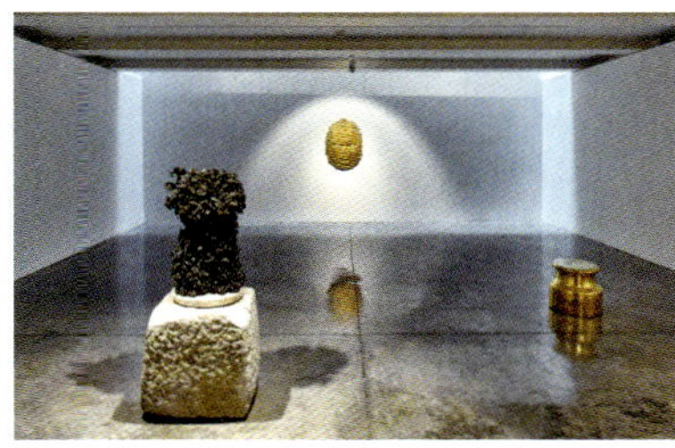

40 — **WHY DOES STRANGE FRUIT ALWAYS LOOK SO SWEET?** (2002)
· Patinated bronze partially gilded,
  lost-wax casting
· Created after a clay model made in
  Villa de Garcia, Monterrey Mexico
· Signed, dated, titled, 'eagle' seal,
  foundry stamp
· 99 x 30 x 33 cm
· 75 kg
· No. 6/7 of an edition of 7 + 3 AP
· Private collection, Belgium
· Courtesy of Transit Gallery &
  Johan Creten
Exhibition History
· *L'Cri*, Musée des civilisations de
  l'Europe et de la Méditerranée
  (MUCEM), Marseille, France
  (Bronze version no. 7/7 of an edition
  7 + 3 AP)
· *De Nature en Sculpture*,
  Fondation Villa Datris,
  L'Isle-sur-la-Sorgue, France, 2017
  (Bronze version no. 4/4 of an
  edition of 4 + 2 AP)
· *Jardins*, Grand Palais, Paris,
  France, 2016–2017
  (Bronze version no. 7/7 of an edition
  7 + 3 AP)
· *La Traversée/The Crossing*,

CRAC (Musée régional d'art
contemporain Occitanie/
Pyrénées-Méditerranée), Sète,
France, 2016–2017
(Bronze version no. 4/4 of an
edition of 4 + 2 AP)
· *Terre Fertile/Terre Fébrile*,
  Château de Pommard,
  Burgundy, France, 2015
  (Bronze version no. 1/4 of an
  edition of 4 + 2 AP)
· *Vormidable*, contemporary
  Flemish sculpture, museum
  Beelden aan Zee, Scheveningen,
  The Netherlands, 2015
  (Plaster version, unique)
· *The Nature of Clay*, The Monaco
  Project for the Arts 2015, Higher
  school of Visual Arts, Bosio
  Pavilion and Exotic Garden of
  Monaco, Monaco, France, 2015
  (Bronze version no. 4/4 of an
  edition of 4 + 2 AP)
· *The Storm*, Middelheim Museum,
  Antwerp, Belgium, 2014
  (Bronze version no. 1/2 AP of an
  edition of 4 + 2 AP)
· *FireWorks*, Museum Dhondt-
  Dhaenens, Deurle, Belgium,
  2012–2013
  (Bronze version no. 1/2 AP of an
  edition of 4 + 2 AP)
· *FIAC (International
  Contemporary Art Fair)*, Galerie
  Perrotin, Grand Palais, Paris,
  France, 2011
  (Bronze version no. 1/4 of an
  edition of 4 + 2 AP)
· *Who's afraid of the museum?*,
  Museum Hof van Busleyden,
  Mechelen, Belgium, 2010
  (Bronze version no. 6/7 of an
  edition of 7 + 3 AP)
· *Beyond Limits. Sotheby's at
  Chatsworth: a selling exhibition*,
  Chatsworth Castle, Bakewell,
  England, 2010
  (Bronze version no. 1/4 of an
  edition of 4 + 2 AP)
· *Et si la guirlande de Julie était
  en laine...*, Rambouillet Castle,
  Rambouillet, France, 2010
  (Bronze version no. 7/7 of an
  edition of 7 + 3 AP)
· *Wijheizijweihij, Kingsmill*, Eiksem,
  Landen, Belgium, 2010
  (Bronze version no. 1/4 of an
  edition of 4 + 2 AP)
· *Passion Fruits picked from
  the Olbricht Collection*, Me
  Collectors Room, Berlin,
  Germany, 2010
  (Bronze version no. 3/4 of an
  edition of 4 + 2 AP)
· *La Femmina*, Archeological
  Museum, Lattes, France, 2008
  (Bronze version no. 6/7 of an
  edition of 7 + 3 AP)
· *Johan Creten, sculptures*, Musée

de la Chasse et de la Nature,
Paris, France, 2008
(Bronze version no. 1/4 of an
edition of 4 + 2 AP)
· *Johan Creten, Tour des
  Forces*, Museum of Mariemont,
  Morlanwelz, Belgium, 2007
  (Resin version, unique and
  bronze version no. 1/7 of an
  edition of
  7 + 3 AP)
· *Miami Dreams*, De Garage,
  Mechelen, Belgium, 2004
  (Resin version, unique)
· *Because the Earth is 1/3 Dirt*,
  CU Art Museum, Boulder,
  Colorado, USA, 2004
  (Plaster version, unique)
· *Johan Creten, sculptures*,
  Elaine Baker Gallery, Boca,
  Raton, Florida, USA, 2003
  (Bronze version no. 1/7 of an
  edition of 7+ 3 AP)
· *Johan Creten*, Bass Museum of
  Art, Miami, Florida, USA, 2003
  (Plaster version, unique)
· *Johan Creten*, J. Johnson Gallery,
  Jacksonville Beach, Florida,
  USA, 2003
  (Plaster version, unique)
· *Free Lemonade*, Robert Miller
  Gallery, New York, USA, 2002
  (Bronze version no. 1/7 of an
  edition of 7+ 3 AP)
· *Amigos*, New World Arts
  Building, Miami, Florida,
  USA, 2002
  (Plaster version, unique)
· *Johan Creten*, Sculptures,
  Casa del Obispado, Villa García,
  Monterrey, Mexico, 1999
  (Clay version, unique)
Literature
· *La Traversée/The Crossing*,
  catalogue of the eponymous
  exhibition CRAC (Centre Régional
  d'Art Contemporain Occitanie/
  Pyrénées-Méditerranée), Creten
  studio, Paris, France, March 2017
· LE BON Laurent, *Jardins*,
  catalogue of the eponymous
  exhibition, Paris, RMN, 2017,
  pp. 150–151, 155
· *Strange Fruit*, Text by Kurt
  Van Eeghem and Colin Lemoine
  in English, French and Dutch,
  Transit Gallery editions, Hoboken,
  Belgium, 2015
· Chantal Pontbriand, *Johan
  Creten open and dissolute,
  the mobile order*, pp. 411–425,
  in *The Contemporary, the
  Common: Art in a Globalizing
  World*, Sternberg Press
· *Johan Creten. Galerie Perrotin,
  Interview with Léa Chauvel-Levy*
· Text English and Chinese,
  Editions Galerie Perrotin,
  Bologna, Italy, 2013

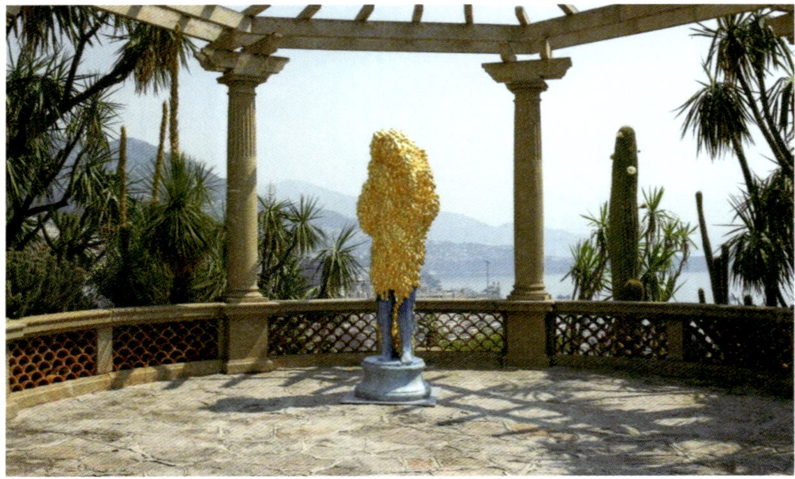

Reference
· Jardin Exotique de Monaco for the exhibition *The Nature of Clay*, 2014, 305 x 114 x 102 cm

> The stone in his armpit got bigger.
> Sometimes it would look blue under the skin
> when he squeezed it softly and
> then the old fear would come rushing back again
> making him feel faint.
> Dates in Memo's garden,
> dripping and rich under a thousand flies …
> Why does strange fruit always look so sweet?
>
> La piedra bajo el brazo crecia.
> A veces, si la presionaba suavemente,
> veia el color azul bajo la piel y el
> viejo miedo regresaba rápidamente
> haciéndolo sentir desmayar.
> Dátiles en el jardin de Memo,
> goteando ricamente bajo mil moscas …
> ¿Porqué la fruta rara se ve siempre tan dulce?

· Johan Creten, Villa de Garcia, 1998–1999, Monterrey, Mexico

41 — THE HERRING (2018)
· Resin with painted finish created at the studio of Guy Du Cheyne for *Naked Roots/Naakte Wortel*s at the museum Beelden aan Zee, Den Haag, The Netherlands
· After a stoneware model
· Mother model for an edition in bronze
· 5 meter high
Reference
· Workshop view

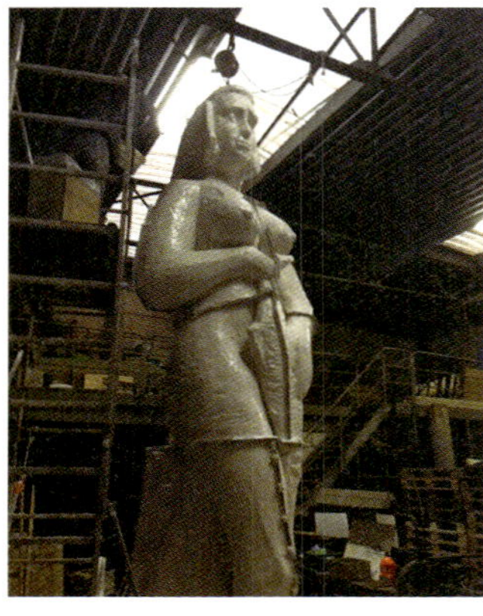

POINT D'OBSERVATIONS-VIEWPOINTS (2016–2018)
· Glazed stoneware
· Created at Struktuur 68
· 40 x Ø 40 cm
· 20 kg
· Unlimited edition of unique works
· Different glaze for each piece
Exhibition History
· *Sunrise/Sunset*, Galerie Perrotin, Paris, France, 2018
· *8 Gods*, Almine Rech Gallery, Brussels, Belgium, 2017
· *La Traversée/The Crossing*, CRAC (Musée régional d'art contemporain Occitanie/Pyrénées-Méditerranée), Sète, France, 2016–2017
Literature
· *8 Gods*, exh. cat. Almine Rech Gallery, Brussels, Belgium, 2017
· *La Traversée/The Crossing*, CRAC (Musée régional d'art contemporain Occitanie/Pyrénées-Méditerranée), exh. cat. Creten Studio, Sète, France, 2016–2017

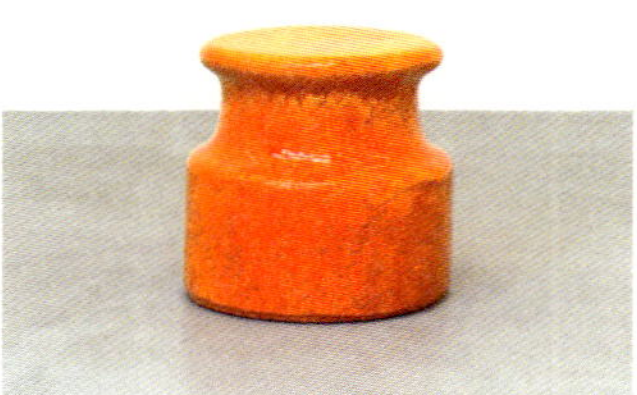

POINT D'OBSERVATIONS-BRONZE VIEWPOINTS (2018)
· Patinated bronze, lost-wax casting, signed, dated, foundry stamp, eagle stamp, markings
· Each 40 x Ø 40 cm
· Approx. 40 kg
· Unlimited edition of unique works
· Different patinas for each cast

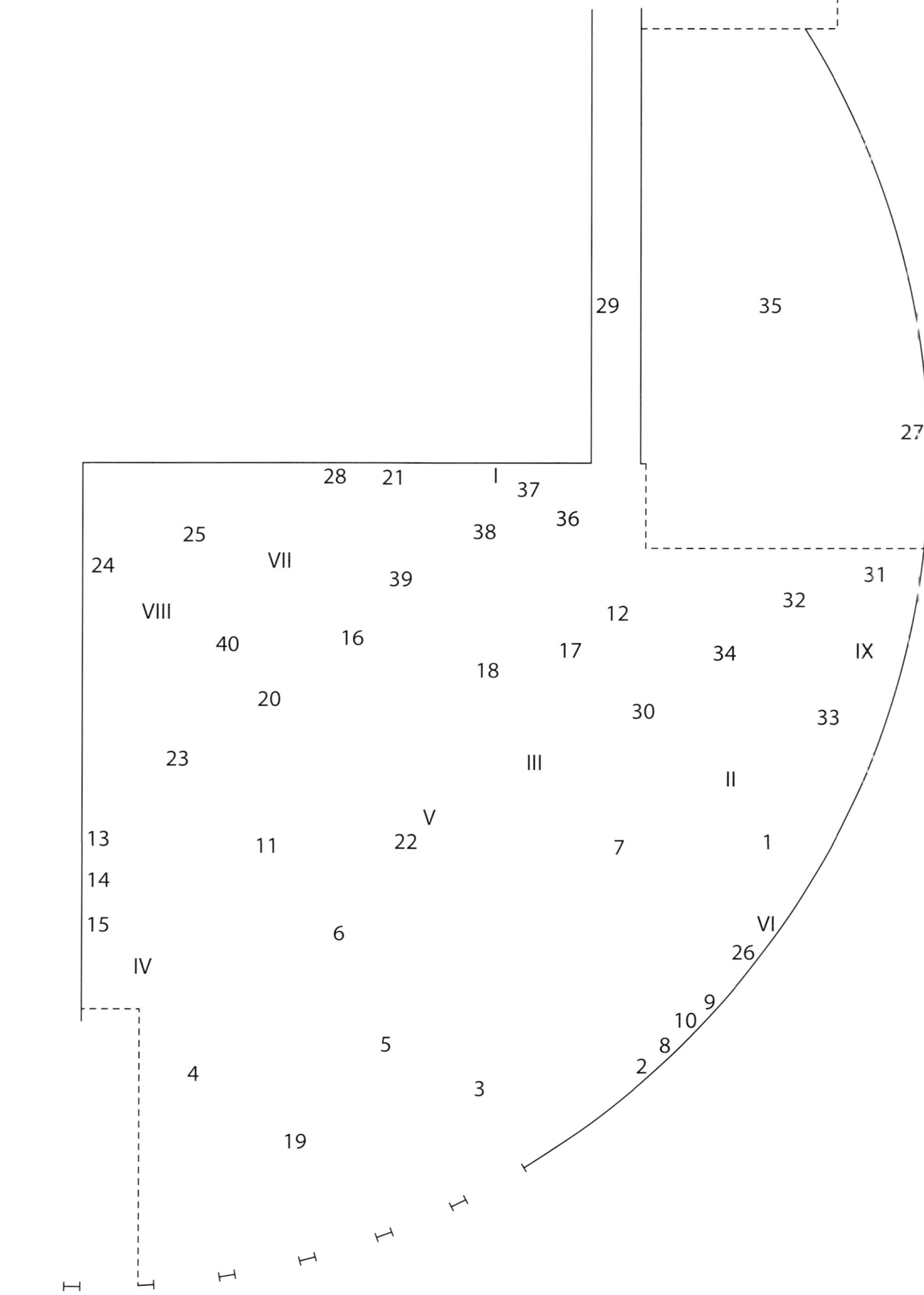

29
35
27
28
21
I
37
36
38
25
VII
39
24
VIII
12
40
16
17
34
IX
18
32
31
20
30
33
23
III
II
V
13
11
22
7
1
14
15
VI
IV
26
6
9
10
5
8
41
4
2
3
19

ZAALPLAN / FLOOR PLAN
Museum Beelden aan Zee — Den Haag

THE WORKS BY JOHAN CRETEN

1   **THE PRICE OF FREEDOM** (2015–2016)
2   **PRÉSENTOIR D'ORANGE** (1989–2017)
3   **MIAMI EAGLE/LE CONDOR (LE CON-DORT)** (2003)
4   **PLANTSTOK** (1989–2009)
5   **MON PETIT NÈGRE** (1998–2000)
6   **PLINY'S SORROW** (2011)
7   **COUCH POTATOES** (1997)
8   **LA LANGUE** (1986)
9   **C'EST DANS MA NATURE** (2001–2018)
10   **THE GATE** (2001–2018)
11   **EN ATTENDANT LES ÉGYPTIENS** (2001)
12   **DE HANEN–LES COQS** (1994)
13   **GLORY-OKVIK I** (2017–2018)
14   **GLORY-OKVIK II** (2017–2018)
15   **GLORY-OKVIK III** (2017–2018)
16   **GÉNIE** (2009–2010)
17   **LA FEMMINA** (1992)
18   **LE BAISER** (2013)
19   **THE BOY** (2015–2016)
20   **I'M A GOOD HORSE ON A SOFT BRICK** (2002)
21   **LA VIERGE D'ALEPPO** (2013–2015)
22   **SYMPOSIUM OAKLAND** (2001)
23   **DE GIER (LE VAUTOUR)** (2015–2016)
24   **ALTE MUTTI** (2016–2017)
25   **GRANDE VAGUE POUR PALISSY** (2006–2011)
26   **AUS DEM SERAIL** (2016–2017)
27   **BIG GLORY-LA TRINITÉ** (2015–2016)
28   **FOR THE GIRLS OF OSTIA** (1997)
29   **ODORE DI FEMMINA-LA RAFALE** (2006)
30   **KLEIN TORSO** (2017–2018)
31   **BRONZE MODEL FOR DE VLEERMUIS OF BOLSWARD** (2015–2017)
32   **DE VLEERMUIS–STUDY ONE ON AN ORANGE GROUND** (2016–2018)
33   **DE VLEERMUIS–STUDY TWO ON A YELLOW GROUND** (2016–2018)
34   **DE VLEERMUIS–STUDY THREE ON A RED GROUND** (2016–2018)
35   **DE VLEERMUIS** (2015–2018)
36   **FATIGUE** (2012)
37   **THE VIVISECTOR** (2012)
38   **LE NEZ-THE NOSE** (2012)
39   **ODORE DI FEMMINA-LES TROIS TROUS** (2014–2015)
40   **WHY DOES STRANGE FRUIT ALWAYS LOOK SO SWEET?** (2002)
41   **THE HERRING** (2018)

    POINT D'OBSERVATIONS-VIEWPOINTS (2016–2018)
    Disseminated trough the space

HISTORICAL PIECES

I   **HANIWA HEAD, KOFUN PERIOD** (4th–6th century AD)
II   **SAINT-SEBASTIAN** (probably ca. 1500)
III   **VENUS** (ca. 1588)
    Attributed to the workshop of Girolamo Campagna (1549–1625?)
IV   **OKVIK TORSO** (300 BC – 100 AD)
V   **BRONZE APPARATUS FOR HEATING LIQUIDS** (early 19th century)
VI   **SOUTH ARABIAN ALABASTER HEAD** (1st century BC – 1st century AD)
VII   **RAIN SASH** (20th century)
VIII   **BERNARD PALISSY** (1510–1590)
    Louis-Ernest Barrias (1841–1905)
IX   **SAINT GEORGE AND THE DRAGON** (ca. 1640)
    Francesco Fanelli (1577–1653)

MUSEUM BEELDEN AAN ZEE

Verborgen als een schelp in de duinen bij het Scheveningse strand bevindt zich museum Beelden aan Zee. Het is half onder het 'Paviljoen de Witte' gelegen, dat koning Willem I in 1827 voor zijn vrouw in neoclassicistische stijl boven op het duin liet plaatsen. Anders dan bij veel andere musea bestaat de façade slechts uit een zandkleurige muur die onopvallend overgaat in de omgeving. Het bijzondere ontwerp van architect Wim Quist voorziet in verscheidene museale binnen- en buitenruimtes, een terras en een drietal patio's. Vanaf verschillende plaatsen is er een fraai uitzicht op de zee gerealiseerd.

Het museum werd in 1994 geopend om de beeldenverzameling van Theo Scholten en Lida Scholten-Miltenburg te huisvesten. In 1966 kocht het echtpaar hun eerste sculptuur, waarmee de basis voor een uitgebreide collectie werd gelegd. Museum Beelden aan Zee is daarmee het enige museum in Nederland dat zich uitsluitend op beeldhouwkunst richt. Naast werken uit de vaste collectie zijn er jaarlijks toonaangevende exposities te zien van gerenommeerde (inter)nationale kunstenaars zoals *Picasso aan Zee. Keramiek & Sculptuur* in 2016–2017. Sinds 2003 biedt het museum ook onderdak aan het Sculptuur Instituut, dat wetenschappelijk onderzoek uitvoert, monografieën en catalogi uitgeeft, lezingen en symposia organiseert en dat door een bijzondere leerstoel aan de Universiteit Leiden verbonden is aan het universitaire onderwijs. Museum Beelden aan Zee heeft door al die activiteiten inmiddels internationale faam verworven.

Like a shell hidden away in the dunes next to the beach at Scheveningen lies museum Beelden aan Zee. Half of it is located underneath Paviljoen de Witte, which King William I had constructed for his wife in neoclassical style on top of the dune in 1827. In contrast with many museums, its facade is just a sand-coloured wall that seamlessly blends into its surroundings. Architect Wim Quist's special design features several internal and external exhibition spaces, a terrace, and three patios. Different sites also offer beautiful sea views.

The museum opened its doors in 1994 to present the sculpture collection of Theo Scholten and Lida Scholten-Miltenburg. The couple purchased their first sculpture in 1966, laying the foundation for their extensive collection. This makes the museum Beelden aan Zee the only museum in the Netherlands to exclusively focus on sculptural art. In addition to the works from its permanent collection, every year the museum offers prominent exhibitions by renowned (inter)national artists, such as *Picasso aan Zee. Keramiek & Sculptuur* in 2016–2017. Since 2003, the museum also houses the Sculptuur Instituut, which conducts scientific research, publishes monographs and catalogues, organises lectures and symposiums, and connects with the world of academic education through a special chair at Leiden University. Thanks to these activities, the museum Beelden aan Zee has gained international renown.

JOOST BERGMAN

Joost Bergman is kunsthistoricus, kunstadviseur en docent kunstgeschiedenis aan de Vrije Universiteit Amsterdam. Hij schreef verscheidene artikelen, onder meer over het neo-impressionisme, de beeldhouwer Carel Visser en over de omvangrijke collectie negentiende-eeuwse schilderkunst *The Hofland Collection. From Jongkind to Mondrian* (Christie's Amsterdam, 2014). Voor het Rijksmuseum Amsterdam deed hij onderzoek naar het verzamelbeleid van Jonkheer H. Teding van Berkhout als directeur van het Rijksprentenkabinet. Aan het boek *Notities van onderweg. 50 jaar ruimtelijk denken in papier* (Waanders, 2012) over de tekeningen en collages van de Nederlandse beeldhouwer Cornelius Rogge werkte hij mee als coauteur. Als gastconservator maakte hij voor het Gemeentemuseum Den Haag de eerste museale overzichtstentoonstelling over de negentiende-eeuwse schilder Willem Maris (1844-1910), waarvoor hij ook de catalogus *Willem Maris. Impressionist van de Haagse School* (W. Books, 2012) schreef.

Joost Bergman is an art historian, art advisor, and lecturer in art history at Vrije Universiteit Amsterdam. He is the author of several articles on subjects including neo-impressionism, sculptor Carel Visser, and the extensive collection of nineteenth-century paintings *The Hofland Collection. From Jongkind to Mondrian* (Christie's Amsterdam, 2014). He was commissioned by the Rijksmuseum Amsterdam to research Jonkheer H. Teding van Berkhout's collection policy as director of the Rijksprentenkabinet. He coauthored the book *Notities van onderweg. 50 jaar ruimtelijk denken in papier* (Waanders, 2012), which covers the drawings and collages of Dutch sculptor Cornelius Rogge. As a guest conservator, he organised The Hague's Gemeentemuseum's first retrospective about nineteenth-century painter Willem Maris (1844–1910), for which he also wrote the catalogue *Willem Maris. Impressionist van de Haagse School* (W. Books, 2012).

BEDANKINGEN / ACKNOWLEDGEMENTS

Johan Creten would like to thank…

Arnold & Lily Creten,
Jean-Michel Othoniel,
Anna Tilroe, Jane and Peter Marino,
Gay Gassmann, Elisabeth de
Rothschild, Ulrike Goetz, Veronica
Gonzales, Brigitte Cornand, Pierre
Rochelois, Olivier Renaud Clement,
Colin Lemoine

Curator
Joost Bergman

The team of the museum Beelden
aan Zee
Elin Baarda, Louise Bos, Frédérique
Brinkerink, Dick van Broekhuizen,
Alessandra Laitempergher, Marie Anne
Lodder, Elizabeth Muilwijk,
Leon Perlot, Emma van Proosdij,
Jacquelien van Schaik, Jan Teeuwisse,
Jeanine van Zijverden, all volunteers
of museum Beelden aan Zee

The gallerists
· Almine Rech, Emmanuel Perrotin,
Bert de Leenheer & Dirk Vanhecke
· The team of Galerie Perrotin, Paris,
New York, Hong Kong, Seoul &
Shanghai, in particular Emmanuelle
Orenga de Gaffory & Manon
Hasselmann
· The team of Almine Rech Gallery,
Brussels, Paris, London & New York,
in particular Alexia Van Eyll
· Galerie Transit Mechelen

The team of Struktuur 68
Jacques van Gaalen,
Rob Daenen,
Theo van der Meer

The team of the Manufacture
national de Sèvres

The studio of Guy Du Cheyne

The studio of Guy Cuypers

The team of Artcasting
Koen Audooren, Sebastiaan Balcaen,
Horst Bell, Nikolaas Bullynck, Virginie
Buyse, Klaus Cnudde, Niels Cnudde,
Joeri Cochuyt, Elisah de Bruycker,
Kevin de Keukelaere, Steven de
Poorter, Yves de Roe, Lies de
Schepper, David de Smet, Jonas
Debergh, Marijke Deconinck, Wim
Decreton, Simeon Denbaes, Stijn
Descheerder, Stijn Deventer, Jens
Gallopyn, Koen Goeminne, Aragorn
Pieter Goethals, Michel Gouba, Dian
Human, Ilse Kerkove, Bert Mistiaen,

Marleen Moerman, Tijs Naessens,
Herman Norga, Johan Norga, Geert
Norga, Erik Opsomer, Vincent
Reyntjens, Louise Simoens, Bauke
Stevens, Yves Teirlinck, Timothy
Valcke, Baruch Van Bellegem, Hilde
Van Heddegem, Koen Van Maelsaeke,
Rik Vanhoutte, Rens Verhofste,
Sebatian Verscheure, Cindy Versyp,
Jonas Vindevogel, Mathijs Wils.

Anthony and Rita Meyer, Catherine
Brownstone, Christian Bernard,
Adriaan Hund, Marieke Benetti,
Noelle Tissier and Jacques Fournel,
Pierre Apraxine, Rik Gadella,
Diederick van Kleef, Monica van
Steen, Marieke Benetti, Sophie
Schmit, Rosa Martinez, Cécile
Reynaud, Peggy Leboeuf, Guidino
and Nicole Gosselin, Lucien Petit
Ruth Kohler, Robert Stephan,
Marek Jakubec, Salomé Gendron,
Sara Weyns, Romane Sarfati, David
Cameo, Réne-Jacques Mayer, Valérie
Jonca

Provincie Fryslân, Stad Bolswaard,
Gemeente Sudwest Fryslân
11 Fountains, Bram Hulsman, Irene
Kromhout

Henry Loyrette, Bernard Picasso,
Christophe Leribault, Jean Paul
Cluzel, Laurent Le Bon Claude
d'Anthenaise, Jerome Sans, Nathalie
Viot, Gilles Kraemer, Chantal
Pontbriand, Simon Stock, la maison
Chanel, Serge Voncken, Ludovic
Recchia, Joost De Clerck, Yves
Sabourin, Laurent Salomé, Laurence
Maynier, Murat Pilevneli, Asli Pamir,
Doris Wintgens Hotte, Nathalie
Brunel, Barbara de Palmenaer,
Arnaud Uyttenhove, Trevor Bennett,
Christopher Mooney, Jeanette
Zwingerberger, Katerina Gregos,
Cécile Ktorza, Claudia Barbieri Childs,
Léa Chauvel-Lévy, Patricia Kamp,
Ank Trumpie, Jacinta and Frank
Creten-Abbing, Lorena Vergani,
Christine and Guy Ladriere, Koen
Leemans, Catherine Maraval, Chantal
Pattyn, Ingrid, Gert, Conrad & Victor
Creten-Feyt, Mathieu Sismann,
Ashok Adicéam, Ranti Tjan, Mathieu
and Florence Boccon-Gibod, Mario
Germano and Lisa Ann Giuliani,
Rita Rovelli Caltagirone, Yann and
Pascale Géradin, Jennifer Johnson,
Cathy and Paolo Vedovi, Suzanne
Tennebaum, Maurice Amon, Thomas
Olbricht, and all my 'collectionneurs
fidèles'

· Gerrit Schreurs, Michelle Reine,
Mischa Bonis van Ginniken
· Agence Phar
Vincent Luc and Jérémie Beylard

Creten Studio
· Supervision: Maéva Cence
· Assistants: Anna Cloarec, Basile
Parello

The design studio Catapult
Anton de Haan, Frank Kuijpers,
Garland Laffut, Tom Van
Welkenhuyzen

COLOFON / COLOPHON

Dit boek werd gepubliceerd naar aanleiding van de tentoonstelling *Naked Roots/Naakte Wortels* in museum Beelden aan Zee in Den Haag van 1 juni 2018 tot en met 23 september 2018.
This book was published on the occasion of the exhibition *Naked Roots/Naakte Wortels* in museum Beelden aan Zee in The Hague from 1 June 2018 until 23 September 2018.

www.lannoo.com
redactiestijl@lannoo.com

· Curator tentoonstelling/Exhibition
Joost Bergman
· Auteurs/Authors
Johan Creten & Joost Bergman
· Vertaling/Translation
Xavier De Jonge
· Redactie/Editing
Sabine Van Humbeeck
· Coördinatie/Coordination
Beatrice De Keyzer
· Correcties/Corrections
Jane Singleton, Nicolas Quaghebeur
· Fotografie/Photography
Gerrit Schreurs
Vincent Luc
· Grafisch ontwerp/Graphic design
Catapult
www.catapult.be

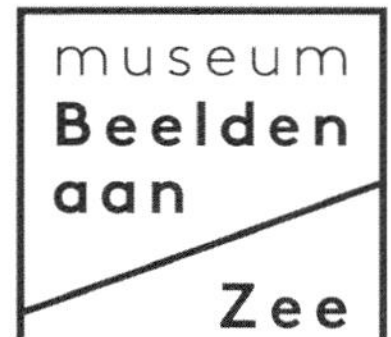

www.beeldenaanzee.nl

Copyrights
· © Johan Creten Studio
pp. 12, 17, 18, 20, 24, 29, 30, 32, 38, 44, 53, 55, 60, 64, 66, 67, 70,
· © Van Gogh Museum, Amsterdam (Vincent van Gogh Foundation), Amsterdam, The Netherlands
pp. 13, 25
· © Galerie Transit, Mechelen, Belgium
pp. 14, 26, 50
· © The Metropolitan Museum of Art, New York, USA
pp. 16, 28,
· © Galerie Schmela, Düsseldorf, Germany
pp. 17, 29,
· © Stanley Kubrick
pp. 17
· © Claire Dorn & Johan Creten Studio
pp. 40, 51, 52
· © Guillaume Ziccarelli
pp. 42, 44, 127
· Cemal Emden
pp. 127
· © Roel Jacobs
pp. 54
· © Kristien Daem
p. 61
· © Gerrit Schreurs & Creten Studio
pp. 62, 69, 71, 72, 76
· © Marc Domage
p. 73
· © Musée Royal de Mariemont, Morlanwelz, Belgium
p. 74
· © Raphaël Fanelli
p. 75
· © J. Beylard et V. Luc-Agence Phar
pp. 103, 105, 107, 108, 109, 111, 113, 115, 117, 118, 119, 121, 122, 123
· © National Gallery of Art, Washington D.C.
p. 104
· © Ernes V. Sutton
p. 116
· © Christie's
p. 120
· © bpk Berlin, Walter Vogel
p. 17, 29

Met dank aan/
With special thanks to
Anneke Bartelse, Janneke Dreesmann, Caroline Wynaendts, Vrienden, Gouden Vrienden, Sculpture Club, Zakenvrienden, Vormidable Patronen & Board of Trustees of museum Beelden aan Zee

Met de steun van/
With the support of
Bank Giro Loterij, Aegon, de Heus, Rabobank, Kurhaus

Courtesy
· Galerie Almine Rech, Brussels, Belgium & Johan Creten
pp. 38, 75, 78, 83, 91
· Galerie Perrotin, Paris & Johan Creten
pp. 43, 47, 48, 53, 68, 69, 84, 88, 92
· Johan Creten
pp. 41, 42, 44, 49, 50, 56, 57, 58, 61, 62, 64, 76, 94, 95, 97
· Galerie Transit, Mechelen, Belgium & Johan Creten
pp. 12, 13, 20, 24, 25, 55, 87
· Museum Princessehof, Leeuwarden, The Netherlands
p. 72
· FRAC – Pays de la Loire, Craquefou, France
p. 81
· Royal Museum of Mariemont, Morlanwelz, Belgium
p. 67

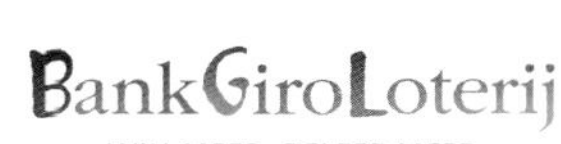
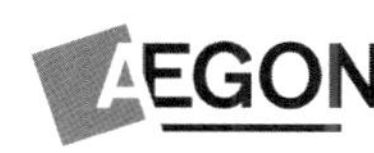
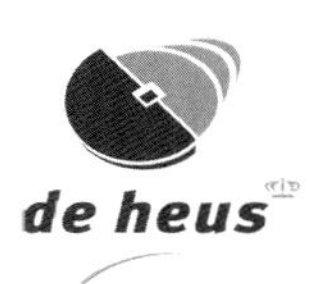
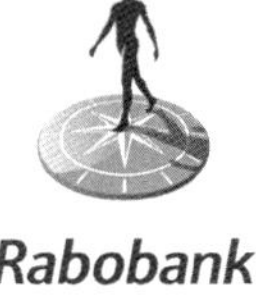
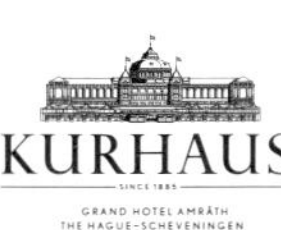